JN068261

ニセモノ問題への経済学的アプローチ

偽造品のミクロ経済分析

渥美 利弘

三恵社

はしがき

偽物（ニセモノ）―模倣や模造による偽造品―は古くて新しい問題と言えます。経済活動のグローバル化、とりわけ国際貿易の自由化、近年はこれに加えて電子商取引の普及によって、残念ながらニセモノ問題も再浮上しているからです。経済協力開発機構（OECD（2008, 2016））でも一連の調査が行われており、世界貿易に占める偽造品の割合が推計で2.6%まで増加していること、偽造品がブランド品のみでなく日用品や医薬品にも広がっていること、また偽造品が正規の流通ルートに紛れ込んで消費者が騙されるリスクが高まっていることなどに警鐘を鳴らしています。

偽造は知的財産権の問題です。「善悪」で考えると、もちろん、ニセモノは知的財産権の侵害であるから「悪」です。偽造薬などのように、知的財産権の問題にとどまらず、消費者に取り返しのつかない損害を与えてしまうものもあります。

他方、消費者がニセモノを使用すること自体は、多くの国で必ずしも違法とはならないことから、ニセモノ供給のインセンティブが生じます。法を守らない業者がいること、ニセモノでもいいからブランド品が欲しいという消費者がいることを前提に、「損得」で考えると、ニセモノの「市場」が成立し、これから詳述するように、ニセモノ市場をめぐる問題はかなり複雑であることが分かります。

本書では複雑なニセモノ問題をミクロ経済学の視点から論じます。通常の市場と異なる点は、少なくとも二種類の企業―「本物」を生産する企業とそのニセモノを生産する企業―が共存していることです。また消費者は騙されてニセモノを購入するのか（一次市場）、それともニセモノと知りながら購入するのか（二次市場）によって分析は違ってきます。こうした点を考慮に入れ、各企業や消費者の最適化行動の結果として、本物の中にニセモノが混じっているような状況を均衡として描く必要があります。その上で初めてニセモノの取り締まりなどの政策の分析が可能になります。

経済モデルは通常、仮定（assumption）、論理（logic）、そして予測（prediction）のステップで成り立っています。本書ではニセモノ分析のための複数のモデルを解説しますが、出発点である仮定はモデルごとに違います。異なる仮定から出発して各経済主体がどのように行動し、結果どのような prediction が導かれるのか、それに対して各種政策はどのように作用するのかという点に留意しながら読み進めてください。

学部レベルのミクロ経済学の教科書から専門論文を読もうとしてもなかなか難しいところもあるのではないかと思います。本書は学部レベルのミクロ経済学を学んだ学生であれば、（そして少しの忍耐力があれば）読み進められるように配慮しました。注意を要する箇所や計算の複雑な個所は補論で丁寧に解説したつもりです。

本書の流れは次のようになっています。第一章はニセモノ問題を経済学的に考えるにあたってカギとなるポイント、特にモデルを構築するにあたって消費者、企業そして政府（政策）をどのように設定するかを論じます。第二章と第三章は Grossman と Shapiro による部分均衡分析を詳説します。第二章のモデルでは消費者を騙してニセモノを供給する一次市場を分析します。第三章は、消費者（の一部）がニセモノと知りながら偽ブランド品を購入する二次市場を分析するモデルを解説します。第四章はニセモノがそこかしこにはびこる社会がどのようなものとなるか、一般均衡分析で考えます。

目次

第一章　問題設定　～ニセモノ分析に係る企業・消費者・政府～

偽造品・模倣品・模造品等さまざまな呼び方がありますが、本書では知的財産権を侵害して供給されるそれらのものを「ニセモノ」と総称します。

ニセモノをミクロ経済学的に分析するにあたり、経済主体としてモデルに登場するのは企業、消費者、そして政府です。企業には「本物」（正規品、ブランド品）を生産している企業と、ニセモノを生産する企業があります。またこれらの他に、ブランド品ではなく、低級品・低価格品を生産する（合法な）企業もあります。

消費者もさまざまです。本物を欲している消費者もいれば、ブランド品には興味のない消費者もいるでしょうし、商品によってはニセモノをニセモノと知って買う消費者もいます。本物を欲している消費者の中にはニセモノに騙されてしまう人もいるかもしれません。

政府は自国企業の知的財産を守るためにニセモノの取り締まり、例えば商品の没収、ニセモノ業者の摘発を行います。海外からの輸入品の中にニセモノが混じっている場合には、輸入関税をかけて、間接的にニセモノの流入を抑えることも考えられます。また経済全体の効率性まで考慮すると、取り締まりによって没収されたニセモノをどうするかという点も問題になります。没収したニセモノを廃棄すると、そのニセモノの生産に費やされた労働などの資源が無駄になってしまうからです。この無駄をなくすため、没収品を販売するという対策もあり得ます。

経済学的な検討にあたってはこれらの点、すなわちモデルの仮定や分析する政策を明確にすることが重要になります。次章で詳解するGrossman and Shapiro (1988a)のモデルは、先進国の消費者が騙されて発展途上国から供給されるニセモノを購入してしまうケースを扱います。

これはニセモノの一次市場（primary market）とも呼ばれます。分析のポイントは、いかなる状況下で先進国市場において本物とニセモノが同時に供給されるのか、そして（潜在的にニセモノ供給の余地があることも含め）ニセモノがあることが、先進国の本物を供給する企業の行動と経済厚生にどう影響するのかという点です。

第三章の Grossman and Shapiro（1988b）の分析はいわゆる偽ブランド品を対象にしています。偽ブランド品は低価格ゆえ、ニセモノと知りつつ購入する消費者もいます。こうした市場はニセモノの二次市場（secondary market）と呼ばれます。Grossman らの分析では、ニセモノと知っていながら購入する消費者以外にも、多様な志向の消費者が存在することを仮定し、均衡において、高価格な本物のブランド品を買う層、低価格な偽ブランド品を買う層、ブランド品を買わない層、といった具合に消費者が分かれていくことを導きます。その上でそれぞれの層がニセモノの各種取り締まり策によっていかなる影響を受けるのか、すなわち消費者の層別分布がどのように変化するのかが政策分析のポイントになります。

ニセモノが社会の一部（特定の商品）の問題ではなく、ニセモノがあらゆるものに混じっているような状況になってしまったらどうでしょうか。ニセモノがはびこる社会では、多くの人々がニセモノ業者としてニセモノで生計を立てていることになります。Grossman と Shapiro の分析は部分均衡分析であるため、ここまでの状況はとらえきれません。そこで第四章では一般均衡分析、すなわち、経済主体としての消費者が、同時に労働供給を行い、ニセモノ業者も含めてそれぞれが収入を得て、それを支出し、財を購入して生活している状況を描きます。このモデルでは経済的利益のみを追求する経済主体はニセモノ生産に利益があると分かるとニセモノ業者に転じます。ニセモノ業者も、その他の合法な職業に就いている人たちも皆、消費者であって、ニセモノを購入してしまうこともあります。場合によってはニセモノ業者になったことで暮らし向きが悪化します。しかしニセモノ業者の方が高所得であるため、ひとたびニセモノがはびこる社会が出来上がってしまうと、それを元に戻す内発的なメカニズムはありません。ニセモノ業者でいるよりも合法な職業に戻った方がよいと考えさせるほどに取り締まりを強化しなければ、ニセモノ問題は解決しません。

第二章　ニセモノの一次市場　～騙す企業・騙される消費者～

はじめに

本章では Grossman and Shapiro (1988a) を元に、一次市場におけるニセモノを考えます。一次市場とは、消費者からみると、自らニセモノを購入する消費者はおらず、ニセモノが、消費者を騙す意図をもって供給されている市場です。本章の分析では、消費者が騙されて買ってしまうケースのみを想定します。例えば偽造医薬品は明らかにこれに該当しますし、模造食品など口に入れるものも一次市場と考えられるでしょう。ニセモノと知って薬や食べ物を購入する消費者はまずいないからです。本章で詳説する Grossman と Shapiro のモデルは、本物を生産する企業の信頼性あるいは信ぴょう性 (credibility) とニセモノ業者の収益性 (profitability) に着目したものです。このモデルを以後 CR-ZP モデルと呼びます。

CR-ZP モデルでは、先進国の企業はブランドを有しており、「本物」を生産しているものとされます。Grossman らはジーンズを例に挙げています。

本物を生産する先進国の各社は価格と品質を決めて、ブランド名の入った「本物」を供給します。しかし、先進国企業も「手抜き」をする余地があって、「高級品・ブランド」を謳いながら、実は品質を低くして、安く作る、ということもしうると仮定します。

途上国の企業は二種類あり、一つは低級品・低価格品を先進国に輸出する企業、もう一つは低級品に勝手に（先進国企業が有する）ブランド名をつけて先進国に輸出し、消費者を騙して販売する違法なニセモノ業者です。しかし先進国ではニセモノの取り締まりがあるため、ニセモノ業者には通関時にニセモノが見つかってしまい、没収されるリスクがあります。

それでも儲かるなら、ニセモノを作って輸出します。ニセモノは先進国のブランド品と同じ価格にして、ブランド品を買おうとする消費者を騙して販売します。

消費者は、(1)本物志向層と、(2)低級品でよい層、の二つのタイプを想定します。本物志向層は高いお金を出してブランド品を買いたい人（ただし、ニセモノと区別がつかないので、運悪く騙される可能性がある）、低級品でよい層はブランド品は買わず、安い輸入低級品を買う人です。

以上の想定の下で、本物とニセモノの両方が供給される均衡を導出し、ニセモノの経済厚生への影響を分析します。先進国への影響に関しては、交易条件の変化、ブランド品を買ったつもりが騙されてしまうことによる損失、そしてニセモノによって先進国で本物を生産する企業の行動が変わり、消費者が望む品質のものが提供されなくなること、の三点を考慮することになります。

先進国側のニセモノ対策としては、水際対策（border inspection）と没収品の処分（廃棄又は販売）の二種類を検討します。これらが必ずしも期待通り経済厚生の向上につながらないことも示されます。

2．1　CR-ZP モデルの分析対象

CR-ZP モデルでは先進国と途上国でかなり違った企業像を想定します。先進国には本物を生産するブランド企業（trademark owner）があります。以下、これを略して「本物企業」と呼ぶこととします。一方、途上国には二種類の企業、すなわち低級品を生産する（合法な）企業と、ニセモノを生産する企業（以下、「ニセモノ企業」）があります。途上国から低級品とニセモノが輸出され、結局先進国では三種類の商品、つまり本物、低級品、ニセモノ、の三種類が入り混じることになります。この先進国市場を分析

対象とします。（図２－１を参照。）

なお、CR-ZP モデルで想定するニセモノは、低級品にブランド名を付けただけのものであるとします。ニセモノの生産コストは低級品と同じとみなします。

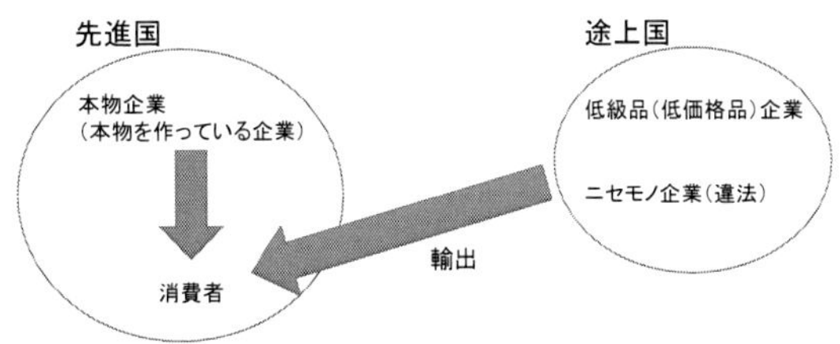

図２－１　CR-ZP モデルが対象とする状況

２．２　企業に関する仮定

本物企業の生産コストのうち、変動費の部分は生産量xと品質qに依存します。すなわち、変動費は生産量とともに増加するのはもちろんのこと、品質向上にも費用がかかるため、品質を良くすると変動費も増加します。具体的には変動費を$xc(q)$で表します。ここで関数$c(q)$は品質に応じて単価が上昇していくことを示しており、$c' > 0$かつ$c'' > 0$とします。この他に本物企業には参入費用Fがかかります。このとき金利をrとすると、各期の一社あたりの利益πは

$$\pi = [p - c(q)]x - rF \tag{2-1}$$

です。なお企業数(M)に関しては二通りの分析をします。一つは企業数一定のケース、もう一つは参入が自由（free entry）であるケースです。（自由参入では、超過利潤がゼロになるまで企業数が調整されます。どちらのケースを想定するかで政策の影響も変わるため、後々経済厚生の評価に

効いてきます。企業数一定の場合には、均衡において利潤があり、この利潤も経済厚生の一部を構成することになるからです。)

本物企業は各期の初めに自社商品の価格(p)と品質(q)を選択します。つまり、「どのくらいの（真の）品質のものをいくらで」を決めるわけです。併せて、対外的にアナウンスする品質$(\hat{q})$を宣言（quality claim）します。発表されるのはpとこの$\hat{q}$です。真の品質(q)に関して付言すると、qはいずれ消費者の知るところとなりますから、qは後述する低級品の品質(q_0)を上回っている必要があります。

次に途上国の企業についてです。途上国で低級品を生産し、先進国に輸出する企業は最低限の品質(q_0)で生産します。生産技術は収穫一定、参入も自由であるとします。また、（生産要素の希少性により）生産増加につれて、低級品の生産コストとその価格(p_0)が上昇するものとします。

本モデルは冒頭で説明した通り、一次市場を分析対象としていますから、ここでのニセモノは低級品にブランドを表すラベルを違法に添付したものを、本物だと騙して売るものです。よってニセモノ価格は本物価格(p)と同じに設定されます。しかし、ニセモノ企業にとっては、ニセモノを輸出しても、輸出先の先進国で没収されるリスクがあります。ニセモノが没収される確率$(\emptyset)$は

$$\emptyset \equiv bf(\hat{q}) \tag{2-2}$$

とします。没収確率は、どれくらいの頻度で取り締まりが行われるか、つまり税関で「箱」が開けられる確率(b)と、ニセモノと本物の品質の「乖離」で決まります。その乖離の度合いを関数$f(\hat{q})$で表し、乖離が大きいほど$\emptyset$が上がります。すなわちニセモノの品質が、本物の品質に比べて悪ければ悪いほど、（低級品と一目でわかるため）見つかって没収されやすくなるということです。

2．3　消費者に関する仮定

（先進国の）消費者は二種類と仮定します。一つのグループは「品質に敏感（quality-conscious）な層」、もう一つのグループはそれほど「品質にこだわらない層」です。前者はN人、後者はN_0人とします。また一人の消費者が商品を一点ずつ購入するとします。これをもう少しフォーマルに設定します。まず「品質に敏感な層」の効用(U)は、パラメータθ(>0)と所得(y)を用いて

$$U = \theta q - p + y \tag{2-3}$$

と表します。θqは品質への評価、$y - p$は他の商品（価値尺度財、numeraire）への支出です。この効用関数は高品質なものを安く購入したい消費者の選好を表しています。またθが大きいほど品質に効用が連動しやすくなります。p-q平面上に「品質に敏感な層」の効用の無差別線を描くと図２－２のようになります。効用を表す右上がりの線は無数にあり、右下の線ほど高い効用水準を表しています。

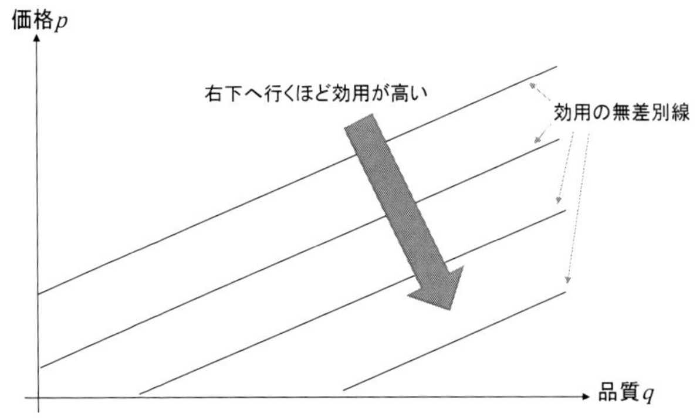

図２－２　「品質に敏感な層」の効用の無差別線

続いて「品質にこだわらない層」の効用(U_0)は、パラメータθ_0(>0)と所得(y_0)を用いて

$$U_0 = \theta_0 q - p + y_0 \tag{2-4}$$

で表します。ここで、このグループは相対的に品質にこだわらないという仮定から、$\theta > \theta_0 > 0$とします。

本モデルでは誰も好んでニセモノを買うことはありませんが、ニセモノが紛れ込んでいますので、本物を買ったつもりが、買ったあとでニセモノだったと判ることはあり得ます。ここでは買ってから一期あとに本物かニセモノか、つまり真の品質(q)を知るとします。こうした不確実性がある状況下では、人々は期待効用に基づいて行動すると考えることができます。「品質に敏感な層」の期待効用は、ニセモノの割合をsとすると、

$$U = s(\theta q_0 - p + y) + (1 - s)(\theta \hat{q} - p + y) \tag{2-5}$$

となります。これを整理すると

$$U = \theta[s q_0 + (1 - s)\hat{q}] - p + y \tag{2-6}$$

です。

2．4　企業行動

以上の仮定の下で、本物企業はどう行動するでしょうか。まず没収確率が100%でニセモノが発生しえない（よって$s = 0$）という簡単なケースから考えます。(ニセモノを想定しないということです。) 既述のように、本物企業は品質を操作する余地があるという点がポイントです。すなわち、「正直に」アナウンスにした品質通りに商品を提供することも、「ズル・手抜き」をして、実際の品質を低くすることもできるわけです。正直に行動した場合の本物企業の利得（ペイオフ）は、将来にわたって顧客の信頼を得て、利益を上げ続けられますから

$$\frac{(1+r)[p-c(\hat{q})]x}{r} \tag{2-7}$$

から参入費用(F)を引いたものです。一方、手抜きをして、低品質なものを供給した場合、次期には手抜きが消費者にばれて、以後利益を上げられなくなりますから、利益があるのは最初の一期のみです。よって手抜きをした場合の利益は

$$[p-c(q_0)]x \tag{2-8}$$

から同じくFを引いたものです。どのような場合に本物企業は正直に行動するでしょうか。それはもちろん(2-7)が(2-8)を上回っているときですから

$$p \geq c(q)+r[c(q)-c(q_0)] \tag{2-9}$$

が本物企業が正直に行動するための条件です。Grossman らはこれを信頼制約（credibility constraint、CR）と呼びます。（意味としては、本物企業が消費者を騙すことなく、品質を維持するための制約、と考えてください。）ただ、本物企業間に競争がありますから、均衡においては

$$p^n = c(q^n)+r[c(q^n)-c(q_0)] \tag{2-10}$$

が成立します。（ここでp、qの右上に付いている記号nは$s=0$のもとで本物が供給される均衡における内生変数であることを示しています。後でニセモノを想定するケースでは記号nはなくなります。）CR を図２－３に示します。

CR は何を表しているのでしょうか。CR は、ある品質レベルqに対してpが十分に高くないと、本物企業は正直に行動しないことを示していると解釈できます。よって図に示されているように、qを上げていくと、それに対応するpも高くなっていきます。

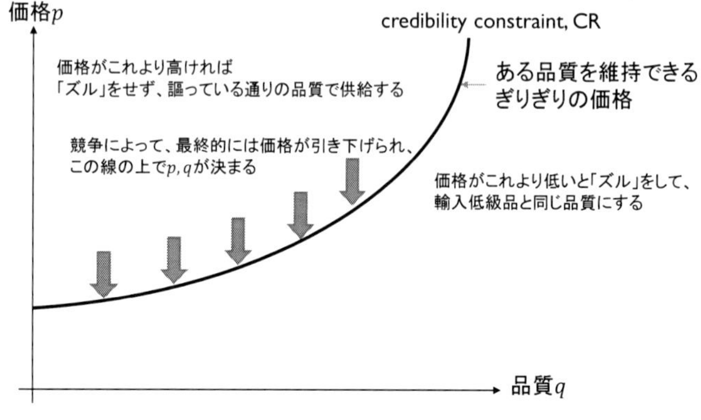

図２－３　信頼制約（CR）

CR を満たす(p, q)の中で、「品質に敏感な層」の効用を最大化する組み合わせが、ニセモノを想定しない（$s = 0$）場合の均衡です。(2-6)式のもとで「品質に敏感な層」の効用最大化問題を考えると

$$c'(q^n)(1 + r) = \theta \tag{2-10}$$

が得られます。これを競争方程式（competition equation）と呼び、この式で均衡におけるp^n、q^nが決まります。（補論2-1 を参照。）

図２－３の CR と図２－２の「品質に敏感な層」の効用関数を重ねて表示し、均衡を示したのが、図２－４です。均衡点は CR と効用の直線がちょうど接するE^n点です。これが本物のブランド品が存在する均衡点であることを確認するため、例えばＡ点を考えてみましょう。確かにＡ点ではE^n点と同じ効用水準が実現されていますが、CR より下にあるので、本物企業は皆、価格が低すぎて手抜きをします。よって供給されるブランド品はすべて低品質です。消費者はブランド品を買っても、品質は低級品

と同じだということが分かりますから、誰もブランド品を買わなくなり、「品質に敏感な消費者」も存在し得なくなります。ですからこの A 点は分析対象からはずれます。

B 点はどうでしょうか。B 点はCR 上にありますから、本物企業は正直に行動して、宣言通りの品質を提供しています。しかし、B 点の効用水準はE^n点よりも低くなっています。この状況では本物企業はより高価格かつ高品質な商品に転換することで、「品質に敏感な消費者」を他社から獲得できますから、競争の結果、最終的にはE^n点に行き着くでしょう。

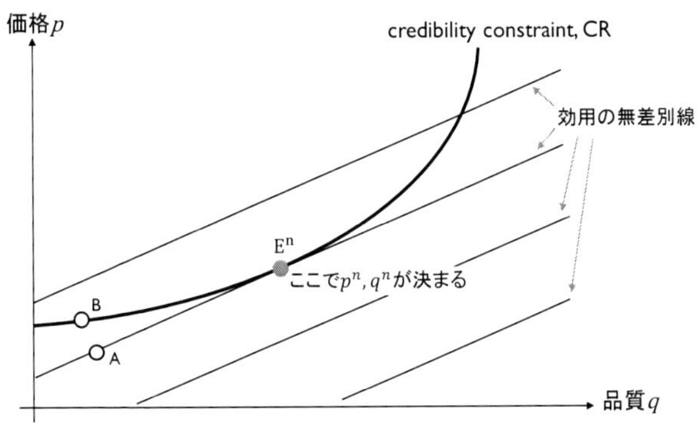

図２－４　ニセモノはないが本物企業が手抜きをする可能性がある場合の均衡

補論2-1　この均衡はセカンド・ベストに過ぎないことの確認

E^n点では$c'(q^n)(1+r)=\theta$が成立しています。ところで「品質に敏感な層」の効用関数は$U=\theta q-p+y$でした。また本物企業の限界費用は、その費用関数から

$c(q)$であり、通常の競争均衡ではこれが本物価格pに一致して、$p = c(q)$となるはずです。よって$U = \theta q - c(q) + y$です。ここで効用最大化条件$dU/dq = \theta - c'(q) = 0$から$\theta = c'(q)$です。このときの$q$を$q^{FB}$（ファースト・ベストの$q$）とします（下図）。一方、均衡点$(E^n)$においては$c'(q^n) = \theta/(1+r)$です。$\theta > \theta/(1+r)$ゆえに、$c'(q^{FB}) > c'(q^n)$です。すなわち$q^n < q^{FB}$です。よってこの均衡では、本物企業が手抜きをする余地なく競争する（本物企業と消費者の間に情報の問題がない）均衡よりも供給される本物の品質水準が低くなっています。この意味でこの均衡はセカンド・ベストの均衡でしかありません。

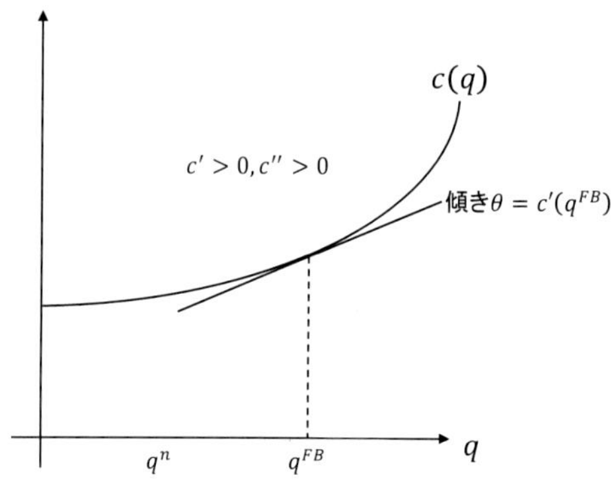

2．5　本物vsニセモノの均衡

　ではここから、ニセモノを想定しないという仮定$(s = 0)$を離れて、本題であるニセモノ供給の余地がある（$s > 0$となりうる）ケースに入りましょう。ニセモノがあるときには、本物企業のpとqの選択がニセモノ企業の儲けに影響することになります。

ニセモノ企業の立場から考えてみましょう。ニセモノ企業の期待収入は、ニセモノ価格（本物価格に一致）に、ニセモノが発見されず、没収されない確率$1-bf(q)$をかけたものですから、$p[1-bf(q)]$です。他方、（仮定より）ニセモノのビジネスへは自由に参入できるので、既存企業に利潤が発生していれば新たなニセモノ企業が参入し、いずれ利潤はゼロになります。ニセモノ企業のゼロ利潤（zero profit）条件は、没収されるリスクを考慮した期待収入と生産コスト$c^*(X^*)$が一致することです。すなわち

$$p[1-bf(q)]=c^*(X^*) \tag{2-11}$$

が成立しているはずです。これは図２－５に ZP 曲線として表されています。(ZP はニセモノ企業のゼロ利潤線の意味です。）ニセモノがまだない状態、すなわちE^nに対応する ZP 曲線をZP^nとします。ZP^n上の(p,q)でちょうどニセモノ企業が参入しても利潤がゼロとなっています。よって図２－５のようにE^nがZP^nより上にあるとニセモノ企業の参入が始まります。(本物企業は CR 上でpとqを変えることができますが、CR がZP^nより上にあると、いかなる(p,q)であってもニセモノは儲けが出ますので、本物企業はニセモノ企業の参入を阻止できません。）ニセモノ企業が多数現れ、ニセモノ生産が増加していくと、（仮定により）ニセモノの生産コストも上昇していきますから、ZP 曲線は上方にシフトしていきます。ニセモノ供給がこうしてどんどん増えていって、最終的に行き着く（本物とニセモノが併存する）のはどのような状態でしょうか。CR の分析と併せて考えると、本物とニセモノが併存する均衡においては、CR 上でかつ ZP 以上の(p,q)でなければなりません。これはすなわち図２－５の E 点です。

(2-11)式から ZP 曲線の傾きは

$$-c^*(X^*)\frac{-bf'(q)}{[1-bf(q)]^2}=\frac{bf'(q)p}{1-bf(q)} \tag{2-12}$$

と導出できます。CR と ZP が接しているということは、これと CR の傾き、すなわち$(1+r)c'(q)$が一致しているということです。したがって

$$\frac{bf'(q)p}{1-bf(q)}=(1+r)c'(q) \tag{2-13}$$

によりＥ点が求められます。

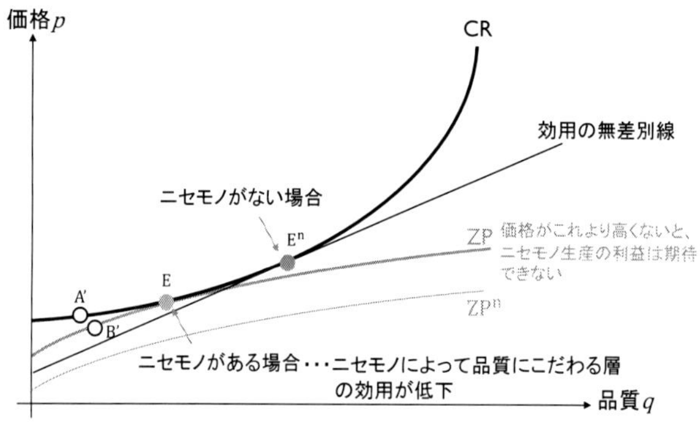

図２－５　本物とニセモノが併存する均衡の例

図２－５でＥ以外の点を検討してみましょう。例えばA'点です。A'点はZP曲線より上にありますから、この品質水準に対して、ニセモノ企業の利潤が出るほど十分価格が高いということになります。よってニセモノだらけになってしまい、本物とニセモノが併存する均衡ではありません。B'点は CR より下方にあり、価格が低すぎて、本物が「正直に」供給されないため、本物が存続しえず、それゆえニセモノも存在しません。し

たがって、やはり本物とニセモノが併存しうる均衡はＥ点のみです。本物とニセモノの併存を説明できるのはＥ点しかないということです。（なお CR とZP^nが交差している場合は、ニセモノが供給されません。補論 2-2 を参照。）

Ｅ点についてモデルを解いていきます。本物とニセモノが併存する均衡点Ｅにおけるニセモノの市場シェア(s)はニセモノの需給均衡式

$$X^* = N_0 + \frac{sN}{1 - bf(q)} \tag{2-14}$$

をsについて解けば求まります。左辺は途上国での（低級品の）総生産量、右辺の第一項(N_0)は低級品として偽りなく輸出・販売されるもの、第二項は、低級品をニセモノと偽って生産・輸出されるものです。（このうち先進国の取り締まりを通過するのはsNのみです。）そして本物企業の利潤(π)は、均衡における各社の販売量が$(1-s)\,N/M$だから

$$\pi = [p - c(q)](1 - s)\frac{N}{M} - rF \tag{2-15}$$

です。自由参入の場合は$\pi = 0$とすることによって、内生的に本物企業数Mが求まります。（本物企業数一定の場合、すなわちMが外生的に決まっているときは、(2-15)式から本物企業の利潤が求まります。）

ニセモノが供給されている（$s > 0$である）ことの意味は何でしょうか。ニセモノ生産には途上国の資源（労働力）を要します。これによって同じ途上国で（合法的に）生産される低級品の価格が上昇します。これはすなわち途上国の輸出品価格の上昇です。輸出品価格の上昇は途上国の交易条件の改善です。しかし、先進国の「品質にこだわらない層」にとっては、彼らの購入する低級品の価格が上がることになりますから、この人たちは損失を被ります。

補論2-2　CRとZP^nが交差している場合

図2－5のように、常にZP^nがCRの下側にあるとは限りません。例えば図2－6Aのような状況もあり得ます。このケースではZP^nが（$s=0$を想定した）均衡点E^nの上を通るので、ニセモノ企業の参入はなく、$s=0$で、均衡はE^nのままです。

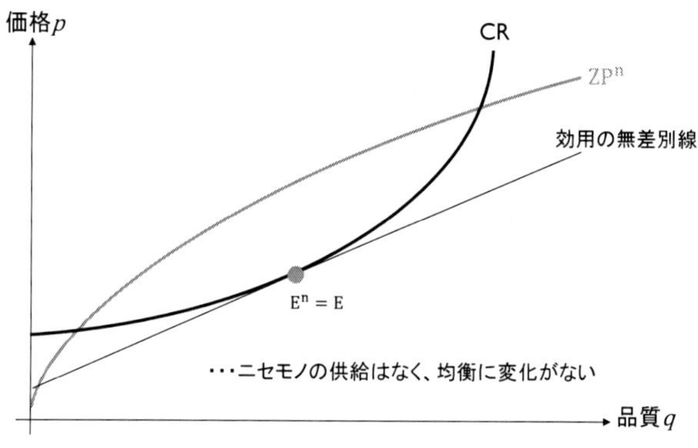

図2－6A　ニセモノが供給されないケース

図2－6B①のような状況もあり得ます。この図では図2－6Aと同じように、ZP^nがCRと交差しています。しかし、元の均衡点E^nはZP^nより上にあります。よってE^nのp、qはニセモノ参入に利潤があることを表しています。このままではニセモノが供給されてしまいますが、本物企業は、pとqを下げていって、ニセモノの利潤がなくなるようにすれば、ニセモノ企業を排除することができます。すなわち、E点まで本物の価格と品質を下げていくことになります。図2－6B①のケースではこのE点が均衡となり、ニセモノは供給されません。（新しい均衡であるE点ではニセモノは存在していませんが、ニセモノが潜在的に供給されうる状況であることに

よって、E^nよりもpとqが低下しています。)

図2－6B②もZP^nがCRと交差しています。しかし図2－6B①と違って、二本の線の交点よりもE^nが左の方にあります。こちらはニセモノがない状態での本物の価格と品質がより低いケースです。ここでもE^nはZP^nより上にありますので、ニセモノに儲けが見込めます。よってニセモノ企業が参入します。しかし本物企業の対応は図2－6B①の場合とは逆になります。本物企業はニセモノ企業の利潤がなくなるまで価格と品質を上げていき、ニセモノは排除され、経済は均衡点Eに到達します。(ここでも新しい均衡であるE点ではニセモノは存在していませんが、ニセモノが潜在的に供給されうる状況であることによって、E^nよりもpとqが上昇しています。すなわち図2－6B①②は、ニセモノが潜在的にせよ、供給される余地があることによって、本物企業はそれを排除するようなpとqの選択を行い、その結果E^nとは異なる均衡に至る、ということです。)

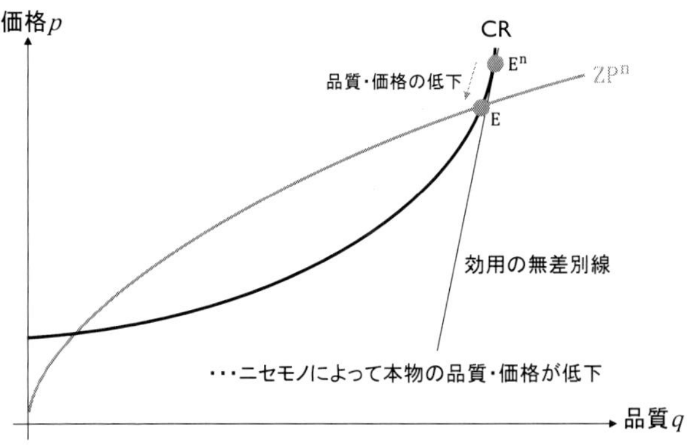

図2－6B①　ニセモノによって本物の品質・価格が低下するケース

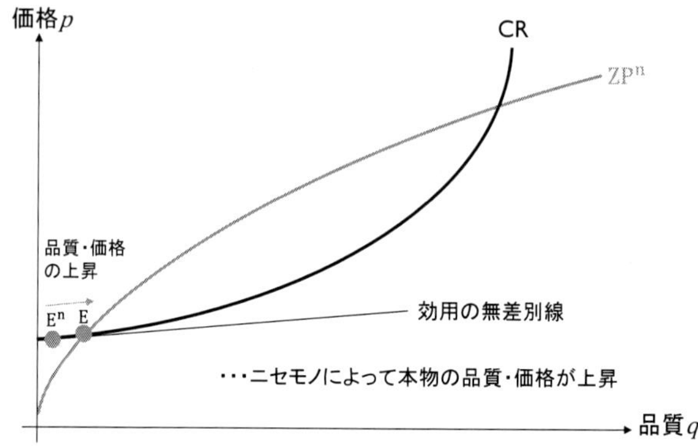

図2－6B②ニセモノによって本物の品質・価格が上昇するケース

補論2-3　数値例

CR と ZP が接して、図2－5のような本物とニセモノが併存する均衡となるためには、(2-13)式の CR と ZP の傾きが一致するという条件に加えて、CR の傾きの変化率が ZP のそれを上回っている必要があります。CR の傾きは$(1+r)c'(q)$でしたが、もう一度それを微分して CR の傾きの変化分を求めます。それが$(1+r)c''(q)$ですから、CR の傾きの変化率は

$$(1+r)c''(q)/(1+r)c'(q)=c''(q)/c'(q)$$

です。ZP の傾きは(2-12)式に示しましたが、それをもう一度微分して ZP の傾きの変化分を求めます。これが

$$-c^*(X^*)[-bf''(q)][1-bf(q)]^{-2}$$

です。すると ZP の傾きの変化率は

$$f''(q)/f'(q)+2bf'(q)/[1-bf(q)]$$

で、CR の傾きの変化率が ZP のそれを上回っているということは

$$c''(q)/c'(q)>f''(q)/f'(q)+2bf'(q)/[1-bf(q)]$$

です。この条件と(2-13)式の両方を満たす具体的な関数形を設定して、本物とニセモノが併存する均衡の一例を図示します。なおパラメータは$r = 0.01$、$q_0 = 1$、$a = 2.45$、$b = 0.9$、$c(X^*) = 0.9$としています。

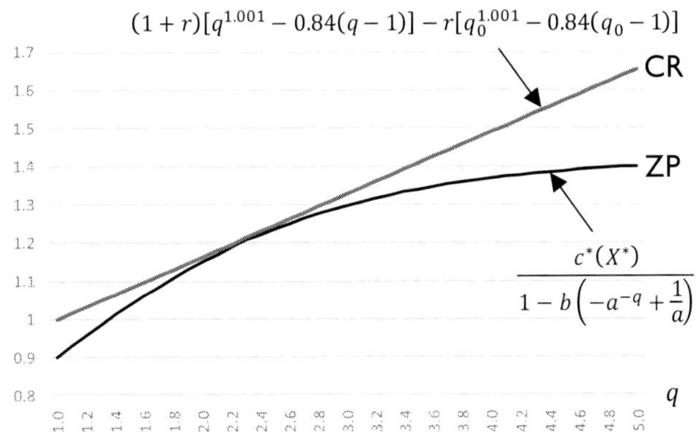

ここまでの分析から分かることは、ニセモノを想定した（$s > 0$となりうる）場合、本物の品質は、ニセモノが存在しえない場合(E^n)に比べて、高くなる場合も低くなる場合もあり得るということです。(2-11)～(2-13)式には、消費者の効用関数にあったθはもはや出てきません。ニセモノが存在しうる状況になると、消費者の選好は、商品の品質に影響を及ぼさなくなってしまうのです。本物企業は本来（図２－４で示した通り）消費者のニーズに合わせた商品を提供してライバル企業と競争するはずですが、ニセモノが出回る余地があると、ニセモノ企業の反応もにらみながら提供する商品の品質を決めなければならなくなるため、本物企業の行動は制約を受けます。意外なことに、本物企業はニセモノが存在し得る状況で

ある方が利潤が増えるということもあり得ます。（ただし本物企業数一定の場合。）CR 曲線の右上に行くにしたがって、マークアップ（$p-c(q)$、価格と限界費用の差）は増えるので、図２－６B②のように、ニセモノが存在しうることによって本物の品質が高まる場合には、本物企業の製品一個当たりの利潤も増えます。ここでもし売り上げがそれほど落ちないなら、各社の利潤も増えることがあり得ます。利潤が増えるのは、ニセモノ企業が存在しうることが、本物企業間の競争を制限するからです。

図２－６B①②の E 点は制限価格づけ（limit-pricing）均衡と考えられます。（制限価格は参入阻止価格とも呼べます。価格を抑え、後発参入の魅力を下げるような価格の意味です。）この均衡では、（ニセモノが存在しませんから）途上国の生産はすべて低級品です。よってニセモノ供給の可能性があることは、途上国にも、先進国の「品質にこだわらない層」にも影響はありません。この均衡における本物の品質は、ニセモノを想定しない均衡(E^n)の品質よりも高くなる（図２－６B②）ことも、低くなる（図２－６B①）こともあり得ます。本物企業数が一定ならば、前者の場合（品質が上がる場合）にのみ、本物企業の利潤がE^nにおける利潤より高くなります。

２．６　比較静学分析

ここまでの分析で、本物、ニセモノ、低級品の三種類が併存する均衡を見出すことができました。均衡 E は(2-10)～(2-14)式からなる連立方程式体系を解いて得られる均衡です。ここからは比較静学分析に入ります。すなわち、外生変数がこの均衡、特にニセモノのシェア(s)にどう影響するかを検討します。

sに影響を与える外生パラメータは、情報伝達速度（あるいは情報伝達の遅れ）T、割引率i、本物企業の費用関数$c(q)$、二種類の消費者の数（NとN_0）です。

ニセモノが存在する均衡、すなわち$s > 0$であることを前提とします。（sを小さくする要因は、ニセモノを存在しえなくする要因でもあることに留意。）

Tとiに関してですが、これらはともに利子率(r)に含まれていると考えることができます。どちらも本物企業に同じような影響を与えます。例えばTが上昇するということは、消費者が本物の真の品質を認知するのに時間がかかるということですから、本物企業は、手抜きをして、宣言したよりも低い品質のものを供給しようという誘因が高まります。iの上昇も同様です。iが高いと、企業は将来の利益を割り引いて考えるようになりますので、宣言した品質通りのものを供給して名声を保とうという誘因が弱まってしまいます。むしろ消費者を欺いてでも短時間で利益を上げようとするようになります。

Tまたはiが上昇するということは、rが上昇するということであり、rが上昇すると、本物企業は品質に関して消費者を信じ込ませるのが難しくなります。（rが高いと本物企業が品質の高いものを供給してするインセンティブが弱くなり、「今儲ける方が大事」になります。）図２－５でいうと、CR曲線が上方にシフトして、傾きが急になります。これに対して、ZP曲線も上方シフトしてCRと接しなければなりません。r上昇後の新しい均衡においては、本物の品質qが低下して、途上国の総生産量X^*とニセモノの割合(s)が上昇します。ここでqが下がるのは、上述のように本物企業が手抜きをする誘因が高まっているからです。qが低下すると、（税関でニセモノと本物の見分けがつきにくくなり）ニセモノが没収されるリスクが下がるので、sが高まるのです。（図２－７を参照。）

本物企業の費用関数は品質の限界費用を反映したものです。パラメータαを加えて、費用関数を$c(q,\alpha)$と表し、均衡において$\partial c/\partial\alpha=0$、$\partial^2 c/\partial q\partial\alpha>0$とします。$\alpha$が高いほど$c(q)$の傾きが大きいことを意味しています。$\alpha$が上昇するということは、CR曲線が（少なくとも当初の均衡の近傍においては）上方にシフトすることを意味しています。限界費用がqの周りで回転すると、$c(q)$は低下します。これは本物企業が手抜きをする誘因が高まったことを意味します。新しい均衡に至るには、途上国での生産コスト上昇が必要ですから、ニセモノの生産が増えます。新しい均衡では、qが低くなり、sが高くなります。

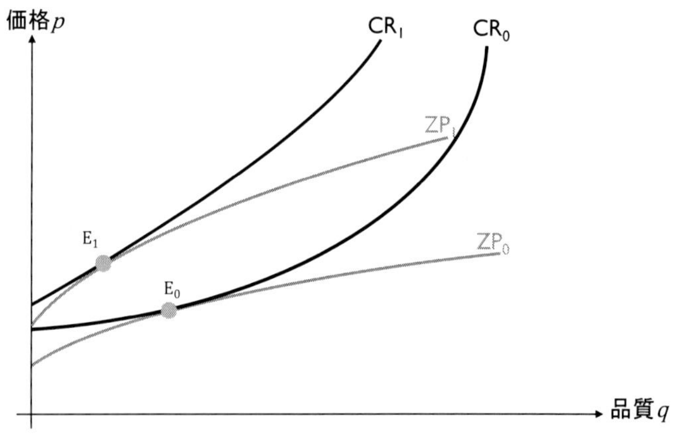

図２－７　利子率(r)上昇のインパクト

最後に需要変化の影響を考えます。(2-10)と(2-13)式が示す通り、二種類の消費者の数（NとN_0）で表される先進国の需要は、均衡(p,q)に何らの影響も及ぼしません。よって(2-11)式から得られる途上国の（低級品とニセモノの合計）生産量X^*も変化しません。もしN_0が一定のままNだけ増加しても、没収確率も、ニセモノの生産量も変わりません。よってニセモノの割合(s)は低下します。一方、Nが一定のままN_0だけ増加した場合には、先進国の需要シフトに対応して、途上国ではニセモノから低級品への生産シフト、すなわちニセモノのシェア(s)低下が起きます。またNとN_0の合計、すなわち先進国の消費者総数（人口）一定のままNの割合が上がった場合は、条件$1 - \emptyset > s$が満たされている場合のみsが高まります。すなわちニセモノの没収確率がそれほど高くなく、かつ（または）現状のニセモノ比率がそれほど高くない場合には、本物を買う「品質に敏感な層」の割合が増加するとニセモノの割合も増えてしまうということです。

以上の比較静学の結果をまとめると、ニセモノの割合(s)を高める要因は、品質認知時間(T)の増加、本物生産の品質の限界費用(c')の増加、先進国市場規模（NとN_0）の縮小、また条件付きながら、先進国における品質に敏感な層の割合（$N/(N + N_0)$）の増加ということになります。

2．7　ニセモノと経済厚生

次にニセモノと経済厚生について検討します。ここではニセモノを想定しない場合にくらべて、ニセモノがある（$s > 0$、またニセモノ発生の余地がある）と経済厚生がやはり下がるのか、あるいは上がることがあり得るのかを考えます。初めに本物企業が自由参入の場合を考えます。ニセモノが経済厚生に影響を与える要素は三つあり、それらを総合したネットの影響をみる必要があります。第一の要素は$s > 0$のとき、ニセモノが生産されているため、低級品価格が上昇して、先進国の交易条件が悪化（輸入品の輸出品に対する相対価格が上昇）しますが、これは先進国の「品質にこだわらない層」に損害を与えます。第二に$s > 0$のとき、すなわちニセモノが存在するということは、本物を買う人たち（品質に敏感な層）の中には、知らずにニセモノを買ってしまう人がいるということですから、直接的な効果として、その人々の効用がもちろん低下します。（具体的にはpを払ってp_0の価値しかない低級品を買わされるからです。）第三は Grossman らが品質調整（quality adjustment）と呼ぶ効果です。ニセモノが存在しうる均衡におけるqは、本物企業の自由参入下でニセモノが存在しえない状況下での均衡(E^n)における品質q^nとは異なったものになります。

上記第一の要素については次のように考えられます。先進国の交易条件悪化は、途上国にとっては改善であり、先進国から途上国への移転（transfer）であるから、世界全体の経済厚生の観点からは差し引きゼロです。

第二の要素については、没収したニセモノを廃棄すると、世界の経済厚生の損失となります。捨てられたニセモノの機会費用のことです。ただし、後で検討するように、没収してオークションなどで売却されるなら、この機会損失はありません。

第三の要素について、品質調整は世界の経済厚生低下でもあります。第一の要素がプラス・マイナス・ゼロであっても、第二、第三の要素が生産と消費の両面から経済厚生を低下させることになります。

以上をまとめると、本物企業の参入が自由な場合、ニセモノ貿易の存在（潜在的な可能性も含めて）は、先進国と途上国双方の経済厚生を低下させる、ということになります。

本物企業数が一定の場合はどうでしょうか。本物企業数一定の下では、自由参入の場合と異なり、ニセモノが存在し得ることが、世界の経済厚生を上げることも下げることもあり得えます。ニセモノが供給される余地があって、これに対して本物企業が品質qを高くして対抗するケースでは経済厚生上昇の可能性があります。特にニセモノが水際で見つかる確率$bf(q)$が高く、品質向上によるニセモノ排除が容易で、現状のニセモノ比率sが低いときにその可能性が高まります。（sが高いと「品質にこだわらない層」の交易条件悪化による損失（前述の第一の要素）と、「品質に敏感な層」の直接的な余剰の損失（前述の第二の要素）が大きくなってしまいます。）

2. 8　政策分析

二種類の偽物対策を分析します。一つは水際対策です。これは取り締まりの強化、モデルのパラメータで言うと、取り締まり頻度(b)を上昇させる政策です。もう一つの対策は没収したニセモノの処分についてです。

初めにニセモノの取り締まり強化を考えます。政策評価の視点はbの上昇は経済厚生(W)を高めるかどうか、すなわち、$dW/db > 0$かどうかという点です。本物企業の参入が自由である場合、利潤がゼロになっていると考えてよいので、Wは二種類の消費者の効用の合計と考えます。すなわち

$$W \equiv N_0 U_0 + NU \tag{2-15}$$

です。上式のWに(2-4)と(2-6)式を代入してbで微分すると

$$\frac{dW}{db} = -N_0 \frac{dp_0}{db} - N\theta(q - q_0)\frac{ds}{db} - sN\frac{dp}{db} + N(1-s)\left(\theta\frac{dq}{db} - \frac{dp}{db}\right) \tag{2-16}$$

を得ます。（計算は補論 2-4 を参照。）右辺の各項の意味するところを見

ていきましょう。第一項は交易条件への影響です。第二項はニセモノを買わされてしまう可能性による効用変化、第三項はニセモノの交易条件の変化、そして第四項は品質の変化（品質調整）です。これら各項の正負によってdW/dbが決まります。

取り締まりが強化されるとニセモノの供給コストが上がります。ニセモノが供給しづらくなって、途上国でのニセモノ生産が減少すると低級品価格（p_0）が低下します。これによって「品質にこだわらない層」の効用が高まります。（すなわち先進国の交易条件の改善です。）よって第一項はプラスです。またニセモノの割合(s)が低下して、「品質に敏感な層」がニセモノを買わされてしまう確率が低下します。よって第二項もプラスです。

一方、本物企業は本物の品質(q)を上げ、これに伴い価格(p)も上昇します。これは取り締まり強化によって、本物企業が品質向上（quality upgrading）によるニセモノの排除がやりやすくなるためです。しかし価格の上昇によって「品質に敏感な層」が騙されてニセモノを買ってしまった場合の損失はより大きなものになります。このため第三項はマイナスです。第四項に関して、品質向上自体は「品質に敏感な層」の効用を高めますが、価格も上昇しますので、それらがネットでこの層の消費者の効用を高めるかどうかが一概には言えません。よって第四項の符号の正負は分かりません。

以上から、取り締まりを強化したからといって、経済厚生が改善されるとは限りません。しかし、(2-16)式の第三項と第四項を合わせたものがプラスになれば、$dW/db > 0$、すなわちニセモノの水際での取り締まり強化によって経済厚生が確実に改善します。具体的には$dW/db > 0$となるための十分条件は

$$c'(q) < \frac{(1-s)\theta}{1+r} \tag{2-17}$$

です。(導出は補論 2-5 を参照。)

次に本物企業数が一定の場合を検討します。本物企業数が一定（参入がない）ということは、各社に利潤が発生しているということです。この利潤は、消費者に分配され、その結果所得(y、y_0)が上昇します。(しかし効用関数を確認すると分かる通り、各人とも所得にかかわらず分析対象商品を一単位購入するので、需要には影響しません。）本物企業の利潤をも考慮すると、前述の(2-16)式には次の項が増えます。

$$-N[p - c(q)]\frac{ds}{db}$$

これは取り締まり強化によってニセモノの割合が減ることによって本物企業が得る利潤の増加です。

これに加えて企業数一定の場合、(2-16)式の第四項(品質調整効果の項)が

$$N(1-s)[\theta - c'(q)]\frac{dq}{db}$$

に変わります。この項は均衡におけるqがファースト・ベストのqより小さいときにプラスになります。(補論 2-1 を参照。)

本物企業数一定の場合、取り締まり強化は経済厚生を高めるでしょうか。この場合も自由参入の場合と同じで、一概に経済厚生が高まるとは言えません。そのための十分条件は

$$c'(q) < \frac{(1-s)\theta}{1+rs} \tag{2-18}$$

です。(導出は補論 2-6 を参照。）この条件は本物企業が参入自由である

場合の条件(2-17)よりも緩い条件です。(条件(2-18)の方が右辺が大きくなっています。)よって取り締まり強化策はどちらかというと企業数一定の場合の方が経済厚生を高めるという目的に対してはうまくいきやすいということは言えそうです。

補論2-4　dW/dbの計算

$$\frac{dW}{db} = -N_0\frac{dp_0}{db} + N\theta q_0\frac{ds}{db} + N\theta(1-s)\frac{dq}{db} - N\theta q\frac{ds}{db} - N\frac{dp}{db}$$

$$= -N_0\frac{dp_0}{db} - N\theta(q-q_0)\frac{ds}{db} + N\theta(1-s)\frac{dq}{db} - N\frac{dp}{db}$$

$$= -N_0\frac{dp_0}{db} - N\theta(q-q_0)\frac{ds}{db} + N(1-s)\left[\theta\frac{dq}{db} - \frac{dp}{db}\right]$$

$$+ N(1-s)\frac{dp}{db} - N\frac{dp}{db}$$

$$= -N_0\frac{dp_0}{db} - N\theta(q-q_0)\frac{ds}{db} - sN\frac{dp}{db}$$

$$+ N(1-s)\left(\theta\frac{dq}{db} - \frac{dp}{db}\right)$$

補論2-5　$dW/db > 0$となるための十分条件の導出(本物企業の自由参入の場合)

(2-10)のCRを表す式の両辺をqで微分すると$dp/dq = (1+r)c'(q)$。よって

$$\frac{dp}{db} = \frac{dp}{dq}\frac{dq}{db} = (1+r)c'(q)\frac{dq}{db}$$

を得ます。これを使って(2-16)式の最後の二項を書き直すと

$$\frac{dW}{db} = -N_0\frac{dp_0}{db} - N\theta(q - q_0)\frac{ds}{db} - \frac{dp}{db}[sN + N(1 - s)] + N(1 - s)\theta\frac{dq}{db}$$

$$= -N_0\frac{dp_0}{db} - N\theta(q - q_0)\frac{ds}{db} - N\frac{dp}{db} + N(1 - s)\theta\frac{dq}{db}$$

$$= -N_0\frac{dp_0}{db} - N\theta(q - q_0)\frac{ds}{db} - N(1 + r)c'(q)\frac{dq}{db}$$

$$+ N(1 - s)\theta\frac{dq}{db}$$

$$= -N_0\frac{dp_0}{db} - N\theta(q - q_0)\frac{ds}{db}$$

$$+ [-N(1 + r)c'(q) + N(1 - s)\theta]\frac{dq}{db}$$

となります。$dq/db > 0$ですから、最後の項の[　]内もプラスであれば$dW/db > 0$になります。[　]内もプラスとなるのは、$c'(q) < (1 - s)\theta/(1 + r)$のときです。

補論2-6　$dW/db > 0$となるための十分条件の導出（本物企業数一定の場合）

企業数一定の場合

$$\frac{dW}{db} = -N_0\frac{dp_0}{db} - N\theta(q - q_0)\frac{ds}{db} - sN\frac{dp}{db} + N(1 - s)[\theta - c'(q)]\frac{dq}{db}$$

$$- N[p - c(q)]\frac{ds}{db}$$

となりますが、このうちマイナスになり得る

$$-sN\frac{dp}{db} + N(1 - s)[\theta - c'(q)]\frac{dq}{db}$$

がプラスであれば、$dW/db > 0$となります。ここでも

$$\frac{dp}{db} = \frac{dp}{dq}\frac{dq}{db} = (1+r)c'(q)\frac{dq}{db}$$

を使い、これらの項を書き直して整理すると

$$[(-sNr - N)c'(q) + \theta N(1-s)]\frac{dq}{db}$$

を得ます。[　]内がプラスであれば$dW/db > 0$になります。[　]内がプラスとなるのは、$c'(q) < (1-s)\theta/(1+rs)$のときです。

次に没収したニセモノの処分について考えます。没収したニセモノの処分方法としては、売却と廃棄の二通りがあります。ここでパラメータ(σ)を導入します。σは没収されたニセモノのうち、売却されるものの割合です。没収されたニセモノは偽ラベルを取り除いて、低級品と同じ価格(p_0)で売却されるものとして、σの均衡への影響を考えます。先進国の政府がニセモノを売却するということは、政府が低級品の新たな供給者になるということです。すると(2-14)の需給均衡式は、次のように変わります。

$$X^* + \sigma bf(q)\frac{sN}{1-bf(q)} = N_0 + \frac{sN}{1-bf(q)} \qquad (2\text{-}19)$$

左辺のX^*は途上国の（低級品とニセモノの）合計生産量、$sN/[1-bf(q)]$はニセモノの生産量、$\sigma bf(q)$はニセモノのうち没収した後、政府が売却するものの割合です。右辺は需要です。他の均衡条件は不変です。よってσはp、q、X^*のいずれにも影響しません。(p、q、X^*は引き続き(2-10)、(2-11)及び(2-13)式で決まります。)

没収品の売却割合(σ)の経済厚生への影響を考えます。二つの影響があります。一つはσを上げると政府には追加収入

$$\frac{p_0 bf(q)sN}{1-bf(q)}d\sigma \tag{2-20}$$

が入ります。これは廃棄の損失を減らすことによる追加的な利益とみなせます。しかしそれと同時に、σを上げると、ニセモノの割合(s)が上昇してしまうのです。（補論 2-7 を参照。）途上国の総生産量(X^*)は不変ですから、没収品が一単位売却されるごとに輸入低級品一単位がニセモノに置き換えられてしまうことになります。結局、先進国政府が低級品の供給者となることで、途上国ではニセモノ企業が増えてしまうわけです。よって没収したニセモノを売却する場合には、それによる政府の収入だけでなく、sの上昇による「品質に敏感な層」の損失も考慮しなければなりません。正確には

$$\frac{dW}{d\sigma}=-\theta N(q-q_0)\frac{ds}{d\sigma}+\frac{p_0 bf(q)sN}{1-bf(q)} \tag{2-21}$$

がプラスならば売却割合(σ)を上げていくことで、経済厚生を高めることができます。

補論2-7　没収品の売却割合(σ)とニセモノ割合(s)の関係

(2-20)式の両辺をσで微分すると

$$bf(q)\frac{sN}{1-bf(q)}+\sigma bf(q)\frac{N}{1-bf(q)}\frac{ds}{d\sigma}=\frac{N}{1-bf(q)}\frac{ds}{d\sigma}$$

となります。これを整理すると

$$\frac{ds}{d\sigma}=\frac{sbf(q)}{1-\sigma bf(q)}>0$$

です。ゆえにσを大きくすると、ニセモノの割合（s）が増大してしまうことが確認できます。

補論2-7の結果と$p_0 = p[1 - bf(q)]$を用いると、(2-21)式は

$$\frac{dW}{d\sigma} = \frac{sNbf(q)}{1 - \sigma bf(q)}\{[1 - \sigma bf(q)]p - \theta(q - q_0)\} \tag{2-22}$$

となります。$dW/d\sigma > 0$なら没収品の売却割合(σ)を高めることで、また$dW/d\sigma < 0$ならσを低めることでそれぞれ経済厚生を高めることができます。よって、取るべき政策は、$p > \theta(q - q_0)/[1 - \sigma bf(q)]$ならば没収品をすべて売却すること、$p < \theta(q - q_0)/[1 - \sigma bf(q)]$ならば没収品はすべて廃棄することです。すなわち最適な政策は没収品をすべて売却するか、廃棄するかのどちらかとなります。この結果は、本物とニセモノの品質差が大きいほど、ニセモノを買わされてしまう「品質に敏感な層」の損失が大きくなるため、他の事情にして等しければ、政府は没収品の廃棄をした方が良い、というものであると解釈できます。

なお、本物企業数一定の場合も質的には、同じ結果が得られます。売却が望ましいのは、条件$c(q) > \theta(q - q_0)/[1 - \sigma bf(q)]$が満たされている場合のみです。

本章のまとめ

CR-ZPモデルが対象としたのは、偽造品の一次市場です。先進国では本物が生産されていますが、途上国から先進国に向けて輸出される低価格・低品質な低級品に加えて、その低級品に偽ラベルを付した偽造品も輸出されうる状況を分析しました。この分析において、ニセモノの先進国経済への害は、第一に本物と思って買った人が騙されることです。そして第二は先進国の交易条件悪化です。(これは途上国でのニセモノ生産増加に伴って、現地での生産コストが上昇することによります。) また先進国側

において、本物企業の企業間関係が変化します。ニセモノがないときは、本物企業は競争してCR上で消費者に最適な（効用最大化）商品を提供します。ニセモノ発生の余地があると、本物企業は自社商品の品質(q)を変えて、ニセモノ業者から自社を守りつつ、ライバル企業と消費者を取り合うという行動を強いられます。

本物企業の自由参入の下では、先進国の経済厚生も、世界全体の経済厚生も、ともに低下してしまいます。本物企業数が一定の場合は、本物企業はニセモノ企業に対抗するためqを上昇させると、先進国も世界全体も経済厚生が向上することがあり得ます。

ニセモノ対策には水際での取り締まり強化や没収したニセモノの処分（廃棄又は低級品として国内消費者に売却）が考えられます。しかし本物企業が政策に対応して、qを変化させるため、意図せざる影響があり得ます。そのためニセモノ対策が経済厚生を高めるとは限りません。

水際での取り締まりを強化した場合、先進国には低級品の価格低下（交易条件の改善）とニセモノ割合の減少というメリットがあります。それでも、先進国の経済厚生が低下する可能性があります。というのは本物企業がqを過度に高くして、pも上昇してしまうからです。

没収品の処分については、没収品の売却割合(σ)を上げると、ニセモノの割合(s)が上昇してしまうことが問題となります。先進国政府による売却分は、途上国から供給される低級品と競合し、政府が新たな低級品の供給者となると、途上国では生産のニセモノへのシフトが起きてしまうのです。このため没収品の売却は必ずしも有効とは言えません。最適な政策は、本文中に示した状況に応じて、没収したニセモノをすべて廃棄するか、すべて売却するかのどちらかになります。表２－１に Grossman and Shapiro (1988a)の分析結果をまとめます。

表２－１　分析結果

		経済厚生	
		自由参入	企業数一定
ニセモノあり（ニセモノ供給の可能性を含む）		-	＋ -
政策	取り締まり強化	＋ -	＋ -
	ニセモノの売却・廃棄（のうち適切な選択がなされた場合）	＋	＋

第三章　ニセモノの二次市場　～偽ブランド品を買う消費者～

はじめに

Grossman と Shapiro は第二章で解説した CR-ZP モデルとは別に "Foreign Counterfeiting of Status Goods" というもう一つの研究を発表しています。この研究の対象はいわゆる「ブランド品」（ここでは人にみせびらかせることでステイタス性が生じる商品）です。よって第二章の分析とは異なり、ニセモノを騙されて買う人はいないことを前提にします。（ニセモノを買う人は、ニセモノと知っていて買うことになります。）買った偽ブランド品は、他の人から見たときにはニセモノかどうかは判別できないものとします。（後で仮定するように、ニセモノであっても周りからは本物に見える、すなわち本物と同じステイタス性があるということです。）

本章の偽ブランド品のモデルには三種類の商品が登場します。ブランド品（本物）、ブランド品を模したニセモノ、そしてブランドのない低級品です。各商品にはブランド力と機能の二つの側面があります。この両者から消費者の効用が発生します。本物はブランド力・機能ともに高いレベルにあるとします。他方、ニセモノはブランド力は同じでも、機能はブランドのない低級品と同じとします。低級品にはブランド力はなく、機能も本物に劣りますが、低価格であるとします。

こうした仮定の下、消費者はブランド品を買う層、偽ブランド品を（ニセモノと知りながら）買う層、低級品を買う層、そして何も買わない層、の高々四つの層に分かれます。

先進国の総余剰は、生産者余剰（本物企業の総利潤）と消費者余剰の合計であり、これを経済厚生の基準として政策分析をします。異論のあるところとは思いますが、消費者余剰にはニセモノ購入者が偽ブランド品から得る余剰もカウントされます。

検討する政策は、先進国におけるニセモノに対する取り締まり強化と、輸入関税の引き上げです。Grossman and Shapiro (1988b)の分析結果を先取りすると、いずれの政策も経済厚生を高めるとは一概には言えません。とは言え、取り締まり強化によって没収確率を上げると、ニセモノの価格が上昇することを通じて、条件付きながら経済厚生が改善することが示されます。輸入関税は、輸入される低級品とニセモノの両方に賦課されることになりますが、少額の関税であれば、ニセモノを買う人が減り、ブランド価値が向上する効果があるものの、関税を上げすぎると輸入品（ニセモノと低級品の両方）を購入できなくなる人たちが増え、経済厚生は低下することなどが示されます。

3．1　仮定

偽ブランド品のモデルでは、CR-ZP モデルと同様に、三種類の商品を仮定します。三種類とは、本物、ニセモノ、低級品の三つです。これらの商品の効用は、「機能の高さ (function)」と「ブランドの魅力 (snob appeal)」の二つから成るとします。本物もニセモノも同じブランドが表示されているので、その点では同等としますが、ニセモノは機能において本物より劣るとします。ニセモノの機能はブランドのない低級品と同じレベルであるとします。つまり、ここでのニセモノとは、ノーブランドの低級品にブランドの偽ラベルを貼り付けただけの商品だということです。これらのポイントを図３－１にまとめます。

	ブランド品	ニセモノ	低級品
ブランド力	あり	あり	なし
＋			
機能	高い	低い	低い
価格	p	q	a

・・・効用は「ブランド力」と「機能」から発生

図３－１　三種類の商品

３．１．１　消費者に関する仮定

CR-ZP モデルと異なり、偽ブランド品のモデルでは、消費者について、次の通り、より精密な仮定をします。合計N人の消費者がいます。各消費者は商品の機能面に関して異なる選好をもっています。機能面に厳しい人もいれば、あまりこだわらない人もいるということです。機能へのこだわり度合いで消費者を順に並べていきます。消費者yの機能面へのこだわり度合いを消費者の機能評価（valuation of utility）Vで表します。

図３－１に整理したように、消費者は一つの商品の購入から二種類の効用を得ます。一つは機能面の効用、もう一つはブランド品を所有することによるステイタス面の効用です。本物は機能面の効用が高く、ステイタス性もあります。ノーブランドの低級品にはステイタス性はなく、機能も低いものとします。ニセモノにはステイタス性はありますが、機能は低級品同様低いと仮定します。個人yにとっての高級品の機能面の効用を関数

$H(y)$、ニセモノやノーブランドの低級品の機能面の効用を関数$L(y)$で表します。そしてVは関数$V(y) \equiv H(y) - L(y)$と定義し、$V'(y) < 0$とします。すると消費者を機能面へのこだわりが高い順に並べていくことができます。つまり、yが小さいほど商品の機能面にこだわる消費者だということになります。

ブランドのステイタス性(S)についてはどうでしょうか。Sは二つの要因に影響されます。一つはそのブランドの商品がどれくらい出回っているかという点です。多く出回っているブランド、つまり、多くの人が持っているブランドは、ステイタス性が低下し、Sは低下すると考えます。つまり、Sはそのブランドのついた商品の供給量と負の関係にあります。なおここでの「供給量」には、本物だけでなく、ニセモノも含まれることがポイントです。すなわち供給量とは、本物とニセモノの合計供給量です。

以後、Sは関数$S(x, y)$で表します。ここでxは本物とニセモノを含めた合計出回り量で、上述の理由から$S_x < 0$です。(S_xは関数Sのxによる偏微分です。)また商品の機能面へのこだわりが強い人ほどステイタス性へのこだわりも強いと仮定します。yが小さいほど機能面へのこだわりが強いわけですから、$S_y < 0$です。

するとN人の消費者は高々四タイプに分けられることになります。その四タイプを、「本物購入層」、「ニセモノ購入層」、「低級品購入層」、「何も買わない層」と呼ぶこととします。これらを図３－２に示します。なお「何も買わない層」を除いて、各人が一単位ずつ本物、ニセモノ、低級品のいずれかを購入するものとします。(前章の CR-ZP モデル同様、所得効果はないということです。)

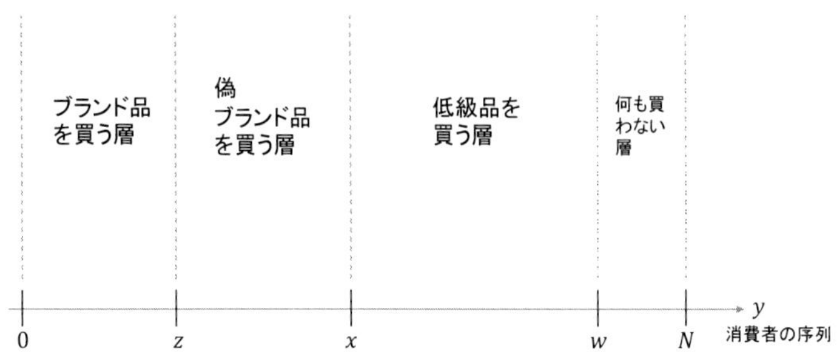

・・・このような形に消費者を並べることができる

図3－2　四タイプの消費者

3．1．2　企業に関する仮定

本物を供給する企業を、CR-ZP モデルのときと同様に、「本物企業」と呼ぶことにします。当面、本物企業は独占企業であるとします。本物の価格をpとします。

ニセモノ（偽ブランド品）を生産する企業は「ニセモノ企業」と呼ぶことにします。ニセモノ生産の単位コストをb、ニセモノ価格をq、さらに取り締まりによるニセモノの没収確率を$\emptyset$とすると、均衡においては

$$b = q(1 - \emptyset)$$

が成立することになります。よって後の政策分析のところで出てきますが、取り締まりの強化とは$\emptyset$を高くすることであり、この式から$\emptyset$の上昇によってqは常に高くなります。また低級品の価格はaとします。

3．2　消費者行動と企業行動

3．2．1　消費者行動と需要

図3－2の四タイプの消費者の中で特に「本物購入層」と「ニセモノ購

入層」のちょうど「境目」にいる個人zは、本物とニセモノの価格差がちょうど機能評価Vに一致しているはずです。すなわち、$p - q = V(z)$となっています。移項して

$$p = V(z) + q \tag{3-1}$$

と書くと、これは本物の逆需要関数です。

またxは本物とニセモノの合計販売量であり、個人xにとっては、ちょうどニセモノと低級品が無差別であるので、

$$S(x, x) = q - a \tag{3-2}$$

が成立しているはずです。つまり個人xにとっては、ブランドのステイタス性（左辺）はニセモノと低級品の価格差（右辺）に相当します。この式から、均衡における本物とニセモノの合計量(x^*)が決まります。

次に個人wについて考えます。個人wにとっては低級品を買うことと、何も買わないことが無差別ですから、低級品の機能面の効用がちょうど低級品価格に相当します。すなわち、$L(w) = a$です。以上は$z < x^*$の場合です。

本物企業がx^*より多く供給すると、ニセモノはなくなります。この状況を図３－３に示します。もし本物企業がニセモノを許容せず、$z > x^*$としたら、「境界」上の個人zにとっては、本物と低級品が無差別、すなわち価格pを払って本物の機能とステイタスを手に入れることと、価格aを払って低級品の機能面の効用を得ることが無差別なわけですから、$H(z) + S(z, z) - p = L(z) - a$、すなわち

$$p = V(z) + S(z, z) - a \tag{3-3}$$

が成立します。以上から本物の供給量がx^*を超えるかどうかによって、需要曲線が変わることになります。（補論3-2を参照。）

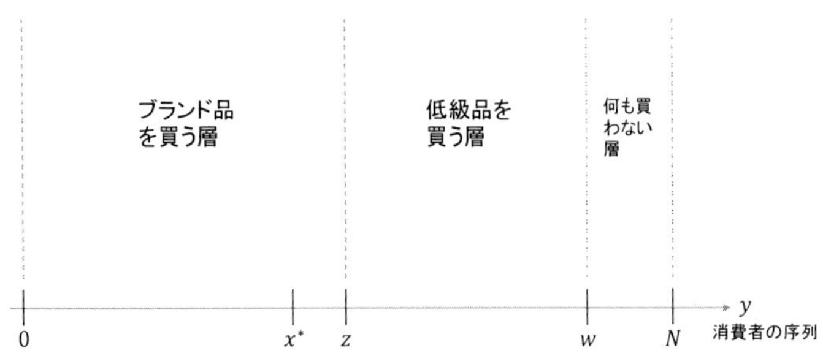

図3－3　三タイプの消費者（ニセモノがない場合）

3．2．2　企業行動

こうした状況下で本物企業はどのように行動するでしょうか。本物企業は通常の独占企業と同じく、利潤最大化のため、限界収入が限界費用に一致するように価格を設定します。ニセモノが存在する均衡において、収入(R)は$R = zp = zV(z) + zq$と書けますから、限界収入(MR)は$V(z) + zV'(z) + q$です。これと限界費用(c)が一致するということは

$$V(z) + zV'(z) + q = c \tag{3-4}$$

です。

さて、ここまでのところ、本物企業は独占企業であることを仮定してきましたが、より現実的に、企業数mの寡占を想定します。するとm種類のブランドが存在することになります。各ブランドiの本物とニセモノを含めた総販売量をx_iとすると、ニセモノを含めたブランド品の合計販売量(X)は、$X = \sum x_i$と書けます。また本物購入層の人数がZとすると、$Z = \sum z_i$です。（m社の対称均衡における一社当たりの本物供給量と、本物とニセモノの合計供給量をそれぞれ小文字zとxで表します。以後、小文字

のzと大文字のZの違いに留意してください。）すると$X = \sum x_i = mx$です。m社の場合の消費者の分類を図３－４に示します。

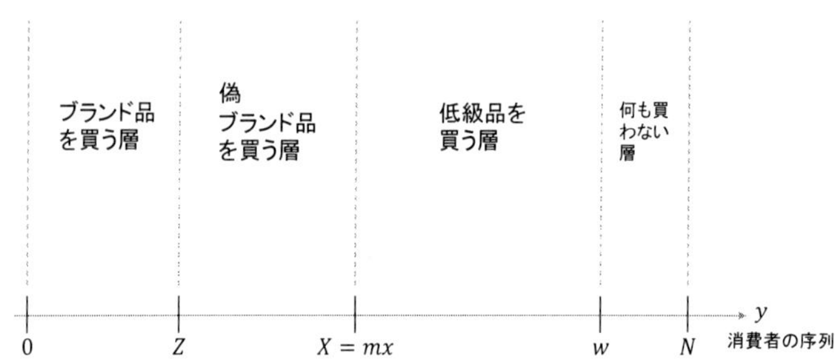

図３－４　四タイプの消費者（m社の場合）

各本物企業iの売り上げをx_iとすると、(3-1)式は

$$p = V(Z) + q \tag{3-5}$$

となり、(3-2)式は

$$S(x, mx) = q - a \tag{3-6}$$

となります。また各本物企業はクールノー競争、すなわち他社のxを所与として、自社の利益π_iを最大化できるような生産量z_iを決めるとします。ここで(3-4)式より限界収入は

$$MR_i = V(Z) + z_i V'(Z) + q \tag{3-7}$$

です。（導出は補論 3-1 を参照。）すると利潤最大化条件（限界収入＝限界費用）より

$$V(mz) + zV'(mz) + q = c \tag{3-8}$$

が得られます。よって寡占下の対称均衡は(3-5)、(3-6)、及び(3-8)式とw

（Nのうちいずれかの商品を買える人の数）で表されます。独占のケースと同様、(3-6)式でxとXが決まります。（これがステイタス性に影響しますが、各社ではコントロールできません。）(3-8)式より一社あたり生産量zが決まります。そしてx、X、zから本物価格pが決まります。以上が均衡の導出です。

補論3-1　クールノー競争下の各社の限界収入について

価格が(3-5)式で与えられていますから、各社の収入(R_i)は価格に販売量z_iをかけたもの、すなわち$R_i = z_i[V(Z) + q]$です。i社にとっての限界費用はこれをz_iで微分したものですから

$$MR_i = V(Z) + z_i V'(Z)\frac{dZ}{dz} + q$$

です。各社は他社のzを所与として、利潤を最大化できるように自社の生産量z_iを決めますから、(3-4)式同様に限界収入と限界費用(c)が一致するようにz_iを選びます。$Z = z_1 + z_2 + \cdots + z_m$ですから、各社が他社ブランドの供給量を所与として判断するということは、$dZ/dz = dz_i/dz_i = 1$です。よってクールノー競争における各社の限界収入は

$$V(Z) + zV'(Z) + q$$

となります。なお対称均衡を仮定していることから、均衡においては$Z = mz$です。

補論3-2　数値例

本物とニセモノが併存する均衡を導出したところで、モデルの機能を確認するために、具体的な関数型を設定して、ここまでの分析を振り返ってみましょう。

$$v(y) = -y + N$$

$$S(x, y) = -x - y + 2N$$

とします。ここで$v'(y) = -1 < 0$、$S_x = -1$、$S_y = -1$ですから消費者に関する仮定を満たしています。この例では(3-1)式の本物需要の逆需要関数が$p = -z + N + q$、(3-3)式は$p = -3z + 3N + a$です。そして均衡における本物とニセモノの合計流通量は

$$z = x^* = \frac{2N + a - q}{2}$$

です。これらを図に示します。

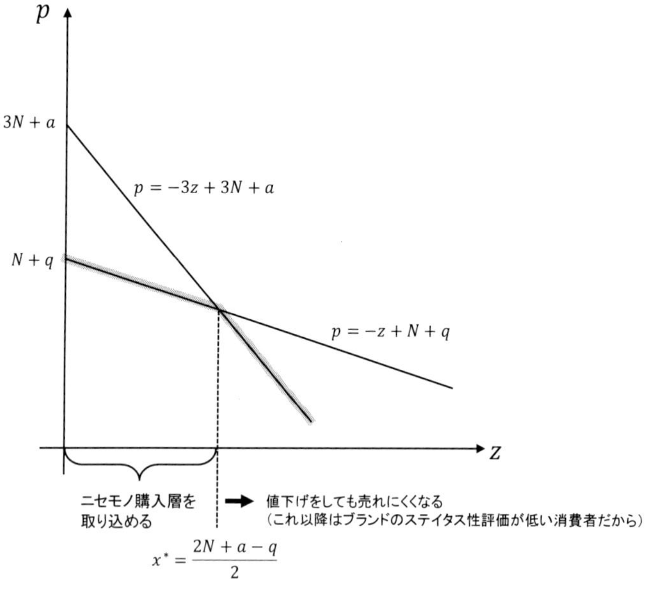

3．3　政策分析

まず政策分析の前提となる経済厚生を定義します。経済厚生は生産者余剰(PS)＋消費者余剰(CS)で考えます。(ここでは没収したニセモノの偽ラベルを取り除いて、低級品として販売することによる税収はないものとします。）このうち生産者余剰は総営業利潤、すなわち

$$PS = m\pi = (p - c)mz \tag{3-9}$$

です。消費者余剰(CS)は本物購入層の余剰＋ニセモノ購入層の余剰＋低級品購入層の余剰で表されます。式では

$$CS = \int_0^{mz} \{H(y) + S(x, y) - p\}dy + \int_{mz}^{mx} \{L(y) + S(x, y) - q\}dy + \int_{mx}^{w} \{L(y) - a\}dy \tag{3-10}$$

となります。第一項が本物購入層の余剰、第二項がニセモノ購入層の余剰、そして第三項が低級品購入層の余剰です。すると生産者余剰と消費者余剰の合計である経済厚生(W)は

$$W = \int_0^{mz} \{H(y) + S(x, y) - p\}dy + \int_{mz}^{mx} \{L(y) + S(x, y) - q\}dy + \int_{mx}^{w} \{L(y) - a\}dy + (p - c)mz \tag{3-11}$$

と表されます。Wの第一項から第三項までは既述の消費者余剰、最後の項は生産者余剰、すなわち本物企業の利潤の合計です。

経済厚生(W)を拠りどころとして、政策の良し悪しを、Wが増えるか減るかで判定します。検討するのは、取り締まりの強化と、関税引き上げに

よる外国製品への課税強化の二つの政策です。

3．3．1　政策評価（取り締まり強化）

まずニセモノの取り締まり強化を考えます。取り締まり強化、すなわち没収確率(ø)の引き上げはニセモノ価格(q)を上昇させます。よって取り締まり強化の影響は、qの上昇を通じて、Wがどう変化するか、つまりdW/dqを計算して判定することになります。煩雑な計算を要しますが、整理すると

$$\frac{dW}{dq} = \left[\int_0^{mx} S_x(x,y)dy\right]\frac{dx}{dq} + (p-c)m\frac{dz}{dq} - m(x-z) \tag{3-12}$$

となります。(導出方法は補論3-3及び3-4を参照。) (3-12)式の中身を一項ずつ見ていきましょう。第一項は各消費者が得るブランドのステイタス性の変化で、この項はプラスです。取り締まり強化は、ニセモノ価格の上昇を通じてブランドのステイタス性を高めるということです。第二項は本物生産の総利潤の変化で、これも条件付きながら（後述）プラスです。第三項はニセモノの総量で、これはマイナスです。最後の第三項がマイナスですから、取り締まりの強化は経済厚生を高めるとは一概には言えません。取り締まりの強化によって、経済厚生が高まる場合もあれば、(期待に反して）下がってしまう場合もあるということです。このモデルの重要な結果の一つです。

(3-12)式の第一項と第二項はそれぞれ(3-6)式、(3-8)式から計算できます。第一項について、詳しくは次のように考えられます。(3-6)式の両辺を微分すると$S_x = dq/dx < 0$です。取り締まりを強化するということは、ニセモノを先進国へ送り込むコストを増大させることになりますから、

ニセモノ価格が上がって、今までニセモノを買っていた人たちの中には、低級品に移行する人たちが出ます。(これは同じブランドをもつ人が減るということですから、ブランドのステイタス性が高まることで経済厚生を改善します。)

第二項については、ニセモノが高くなって、ニセモノから本物に移行する人たちも出ますから（当初の寡占下での均衡が安定的であるという条件付きで）$dz/dq < 0$です。こちらも経済厚生を改善します。(本物の生産量が増え、寡占下での歪みを減ると解釈できます。) しかしニセモノ価格上昇それ自体はニセモノ購入層の余剰減少要因（第三項）で、二つのプラス効果がこのマイナス効果を上回るとは限りませんから、取り締まり強化が経済厚生を高めるとは限りません。

ではどのような条件が揃えば、ニセモノへの取り締まりの強化は、ニセモノ価格の上昇を通じて、経済厚生を高めるのでしょうか。Grossman らは二つの条件を提示しています。一つは本物購入層で$S_{xy} \geq 0$が成立していること、二つ目は$S_y(x, mx) \geq 0$が小さいことです。取り締まり費用は無視していますが、これら二つの条件が揃うと、取り締まり強化は、(経済厚生を高めるという意味において）有効です。

これら二条件の意味を検討してみましょう。第一の条件に関しては、図３－５①と②に示しましたが、序列が低い方の消費者ほど（ニセモノも含めた）ブランド総供給量がブランドのステイタス性(S)を押し下げる効果（$S_x < 0$）を気にしない、というものです。これは現実的であり、Grossman らが言うように、緩い条件であると言えるでしょう。

二つ目の条件に関して、$S(x, mx)$はニセモノ購入層の一番「右側」の人（ニセモノと低級品が無差別の人）にとってのブランドのステイタス性ですから、第二条件「$S_y(x, mx) \geq 0$が小さい」の意味は、低級品購入層

１位の人とニセモノ購入層の最下位の人のブランドのステイタス性の評価の差が小さいということです。

第一、第二条件を共に満たすのは例えば、全消費者がブランドのステイタス性を同等に評価している場合、すなわち$S_y(x, mx) = S_y = 0$のケース（図３－５③）です。このとき先ほどの(3-12)式は

$$\frac{dW}{dq} = (p - c)m\frac{dz}{dq} + mz$$

となって、プラスですから、この場合は取り締まり強化によるニセモノ価格上昇は経済厚生を改善します。（補論3-5参照。）

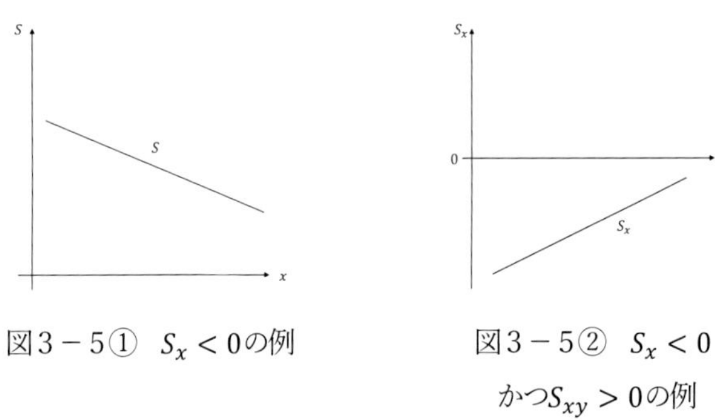

図３－５①　$S_x < 0$の例

図３－５②　$S_x < 0$ かつ$S_{xy} > 0$の例

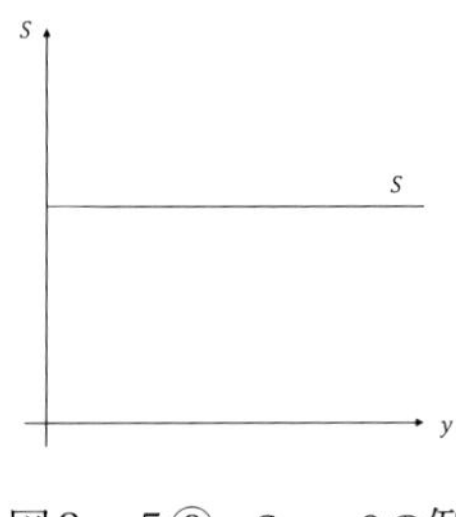

図３－５③　$S_y = 0$の例

補論3-3　経済厚生(W)の計算

$$\frac{dW}{dq}=H(mz)m\frac{dz}{dq}+S(x,mz)m\frac{dz}{dq}-pm\frac{dz}{dq}+L(mx)m\frac{dx}{dq}-L(mz)m\frac{dz}{dq}$$

$$+mS(x,mx)\frac{dx}{dq}+\left[\int_0^{mx}S_x(x,y)dy\right]\frac{dx}{dq}-S(x,mz)m\frac{dz}{dq}$$

$$-\left(mx+qm\frac{dx}{dq}\right)+\left(mz+qm\frac{dz}{dq}\right)+L(w)\frac{dw}{dq}$$

$$-L(mx)m\frac{dx}{dq}-a\left(\frac{dw}{dq}-m\frac{dx}{dq}\right)+(p-c)m\frac{dz}{dq}$$

ここで$L(w)=a$を使って、これを整理すると

$$\frac{dW}{dq}=H(mz)m\frac{dz}{dq}-L(mz)m\frac{dz}{dq}+mS(x,mx)\frac{dx}{dq}+\left[\int_0^{mx}S_x(x,y)dy\right]\frac{dx}{dq}$$

$$-m(x-z)+(q-p)m\frac{dz}{dq}+(a-q)m\frac{dx}{dq}$$

$$+(p-c)m\frac{dz}{dq}$$

を得ます。さらに$q-p=-V(mz)=-[H(mz)-L(mz)]$、$a-q=-S(x,mx)$を使って整理すると、(3-12)式になります。

補論3-4　Wの第一項$\int_0^{mx} S(x,y)dy$のqでの微分について

$$\frac{dx}{dq}\frac{dmx}{dx}\frac{d}{dmx}\int_0^{mx} S(x,y)dy$$

$$=\frac{dx}{dq}\frac{dmx}{dx}\left[S(x,mx)+\frac{1}{m}\int_0^{mx} S_x(x,y)dy\right]$$

$$+\frac{dx}{dq}\left[mS(x,mx)+\int_0^{mx} S_x(x,y)dy\right]$$

$$=mS(x,mx)\frac{dx}{dq}+\left[\int_0^{mx} S_x(x,y)dy\right]\frac{dx}{dq}$$

補論3-5　$S_y=0$の場合のdW/dq

dW/dqは(3-12)式に示されていますが、$S_y=0$のとき、すべての消費者のブランドのステイタス性が同じですから、右辺の第一項は

$$[mxS_x(x,y)]\frac{dx}{dq}$$

となります。ここで$S_x=dq/dx$を用いると、これはmxとなります。よって$S_y=0$のとき

$$\frac{dW}{dq}=(p-c)m\frac{dz}{dq}+mz$$

となります。

補論3-6　数値例による取り締まりの効果の確認

補論3-2 の数値例の場合、取り締まり強化は有効でしょうか。確認してみましょう。$S(x,y)=-x-y+2N$としていますから、$S_x=-1$、 $S_y=-1$、$S_{xy}=0$です。これは確かに上記の条件$S_{xy}\geq 0$を満たしています。

この例でdW/dqを計算してみましょう。数値例では、$S_x = -1$、$dx/dq = -1/(m+1)$、$dz/dq = 1/(m+1)$となることに留意して(3-12)式にこれらを代入して計算すると

$$\frac{dW}{dq} = \frac{mx + p - c + (m+1)z}{m+1} > 0$$

が得られます。よって数値例でも、取り締まりは、経済厚生を高めるという意味において、有効であることが確認されます。

補論3-7　dx/dqとdz/dqの導出

(3-6)式より$S(x, mx) = q - a$。数値例では$S(x, mx) = -x - mx + 2N = q - a$。すなわち、$-(1+m)x + 2N = q - a$。両辺を$q$で微分して整理すると、$dx/dq = -1/(m+1)$。また$V(mz) = -mz + N$、$V'(mz) = -1$。よって(3-8)式より$V(mz) + zV'(mz) + q = c$、すなわち$-mz + N - z + q = c$。両辺を$q$で微分して整理すると、$dz/dq = 1/(m+1)$を得ます。

3．3．2　政策評価（関税賦課）

関税によって（外国から流入してくる）ニセモノを排除するという政策はどうでしょうか。関税は商品一単位当たりtの従量税とします。問題はニセモノと低級品の両方に関税がかかってしまう点です。関税がかかると、低級品の国内価格は$a + t$、ニセモノの国内価格qは$(b+t)/(1-\emptyset)$となります。すると（3-11）式の経済厚生(W)には、関税収入

$$\frac{tm(x-z)}{1-\emptyset} + t(w - mx) \qquad (3\text{-}13)$$

が加わることになります。ここで、関税収入をtで微分すると

$$\frac{m(x-z)}{1-\emptyset}+\frac{tm}{1-\emptyset}\frac{dx}{dt}-\frac{tm}{1-\emptyset}\frac{dz}{dt}+w-mx+t\frac{dw}{dt}-tm\frac{dx}{dt}$$

ですから

$$\frac{dW}{dt}=\left\{\int_0^{mx}S_x(x,y)dy\right\}\frac{dx}{dt}+(p-c)m\frac{dz}{dt}+\frac{tm}{1-\emptyset}\left[\emptyset\frac{dx}{dt}+\frac{(1-\emptyset)}{m}\frac{dw}{dt}-\frac{dz}{dt}\right]+w-mz \tag{3-14}$$

が得られます。(導出は補論3-8を参照。)

関税による輸入品価格の上昇は消費者各層に影響を与えます。まず直接的には低級品とニセモノの両方の価格が上昇します。するとこれまでニセモノを購入していた人の中には、ニセモノをやめて低級品に移行する人たちもいます。他方、ニセモノ購入層の中には、ニセモノ価格が高くなると、本物に移行する人たちもいます。よって関税によって間接的に本物の需要が高まり、本物企業各社の生産量が増えます。他方、低級品の価格上昇により、低級品購入層の一部の人は購入自体をあきらめることになります。すなわち(3-14)式において、$dx/dt<0$、$dz/dt>0$、$dw/dt<0$です。このため第三項がマイナスとなり、関税を上げれば経済厚生を高めるとは一概には言えません。

関税引き上げは経済厚生にどう影響するのでしょうか。プラスの影響としては、本物とニセモノの合計流通量が減ることから、ブランドのステイタス性が上がります。また本物の生産量が増えることも経済厚生を高めます。しかし、関税は通常の商品の場合と同じで、輸入数量の減少を通じて、上述のように輸入品(ニセモノと低級品)購入層の消費が歪められてしまいます。関税が小さければ、このマイナス効果は小さくなりますから、少額の関税であれば、経済厚生を改善すると言えます。

通常、関税は生産者余剰や関税収入を上回る消費者余剰の低下を招き、余剰の純減を招くことは知られていますが、本モデルが分析対象とするニセモノの二次市場（騙されてニセモノを買う人はおらず、ニセモノを買う人は皆ニセモノと知っていて買う）においては、少額の関税であればニセモノ対策として有効である、ということになります。

補論3-8　関税の経済厚生への影響

$$\frac{dW}{dt} = H(mz)m\frac{dz}{dt} + S(x,mz)m\frac{dz}{dt} - pm\frac{dz}{dt} + L(mx)m\frac{dx}{dt} - L(mz)m\frac{dz}{dt}$$

$$+ mS(x,mx)\frac{dx}{dt} + \left[\int_0^{mx} S_x(x,y)dy\right]\frac{dx}{dt} - S(x,mz)m\frac{dz}{dt}$$

$$-\left(\frac{mx}{1-\emptyset} + qm\frac{dx}{dt}\right) + \left(\frac{mz}{1-\emptyset} + qm\frac{dz}{dt}\right) + L(w)\frac{dw}{dt}$$

$$-L(mx)m\frac{dx}{dt} - (a+t)\left(\frac{dw}{dt} - m\frac{dx}{dt}\right) + (p-c)m\frac{dz}{dt}$$

$$+\frac{m(x-z)}{1-\emptyset} + \frac{tm}{1-\emptyset}\frac{dx}{dt} - \frac{tm}{1-\emptyset}\frac{dz}{dt} + w - mx + t\frac{dw}{dt}$$

$$-tm\frac{dx}{dt}$$

$$\frac{dW}{dt} = H(mz)m\frac{dz}{dt} - pm\frac{dz}{dt} - L(mz)m\frac{dz}{dt} + mS(x,mx)\frac{dx}{dt}$$

$$+\left[\int_0^{mx} S_x(x,y)dy\right]\frac{dx}{dt} - \left(\frac{mx}{1-\emptyset} + qm\frac{dx}{dt}\right)$$

$$+\left(\frac{mz}{1-\emptyset} + qm\frac{dz}{dt}\right) + (a+t)\frac{dw}{dt}$$

$$-(a+t)\left(\frac{dw}{dt} - m\frac{dx}{dt}\right) + (p-c)m\frac{dz}{dt} + \frac{m(x-z)}{1-\emptyset}$$

$$+\frac{tm}{1-\emptyset}\frac{dx}{dt} - \frac{tm}{1-\emptyset}\frac{dz}{dt} + w - mx + t\frac{dw}{dt} - tm\frac{dx}{dt}$$

$$\frac{dW}{dt} = \left[\int_0^{mx} S_x(x,y)dy\right]\frac{dx}{dt} + (p-c)m\frac{dz}{dt} + \frac{tm}{1-\emptyset}\frac{dx}{dt} - \frac{tm}{1-\emptyset}\frac{dz}{dt} + w - mx$$

$$+t\frac{dw}{dt} - tm\frac{dx}{dt}$$

$$\frac{dW}{dt} = \left[\int_0^{mx} S_x(x,y)dy\right]\frac{dx}{dt} + (p-c)m\frac{dz}{dt} + \frac{\emptyset tm}{1-\emptyset}\frac{dx}{dt} - \frac{tm}{1-\emptyset}\frac{dz}{dt} + w - mx$$

$$+t\frac{dw}{dt}$$

$$\frac{dW}{dt} = \left[\int_0^{mx} S_x(x,y)dy\right]\frac{dx}{dt} + (p-c)m\frac{dz}{dt} + \frac{tm}{1-\emptyset}\left[\emptyset\frac{dx}{dt} + \frac{1-\emptyset}{m}\frac{dw}{dt} - \frac{dz}{dt}\right]$$

$$+w - mx$$

3．4　本物企業の自由参入のケース

ここまでのところ、ブランド数（＝企業数）mを一定としてきました。短期においてはこれで良いかもしれませんが、よほどの参入障壁でもない限り、長期においてブランド数が変わらないと仮定するのは無理があるでしょう。ここでは企業数一定の仮定を緩めて、参入がある場合にニセモノの取り締まりを強化したとき、すなわち没収確率(ϕ)を引き上げるとニセモノの価格(q)が上昇しますが、それによる新製品、つまり販売されるブランド数への影響を検討します。（ここではmが内生的に決まるときに、取り締まり強化が経済厚生に与える影響を検討するということです。m一定の場合はすでにみましたが、それに加えて、ニセモノの取り締まり強化が本物企業の参入退出にどのように影響するかを含めて検討することになります。）

競合ブランドが増えると、一社当たりの売り上げは減りますが、商品出回り量の減少はその商品のステイタス性が上がるということでもあります。また各ブランドの市場支配力（market power）が低下するという効果もあります。これらに対して、参入する企業は固定費（F）を負担しなければなりません。Grossman らの分析結果を先取りすると、本物企業の自由参入の下では、取り締まり強化は、経済厚生をプラスにもマイナスにもしうるということです。

では厳密にみていきましょう。自由参入下の均衡では、mは

$$(p-c)z = F \tag{3-15}$$

となるよう調整されます。つまり各社の利潤がゼロになるまで参入が起きるということです。(3-5)、(3-6)、(3-8)、および(3-15)式より内生変数z、x、p、mが導出されます。自由参入により利潤がゼロですから、経済厚生(W)は、(3-10)式の消費者余剰(CS)のみです。CS をニセモノ価格(q)

で微分すると

$$\frac{dW}{dq}=\left\{\int_0^{mx}S_x(x,y)dy\right\}\frac{dx}{dy}-mz\frac{dp}{dq}-m(x-z)$$

(3-16)

です。(この導出については補論 3-9 を参照。) この式から、参入があるとき、取り締まり強化には三つの影響があることが分かります。第一は、各ブランドの本物とニセモノを含めた出回り量、すなわち、xが変化するということです。xが変わると、本物を買う人とニセモノを買う人が商品に期待するステイタス性に影響します。第二に本物価格(p)が変化します。pの下落は消費者の利益になります。第三に取り締まり強化によりニセモノが廃棄されることになります。ニセモノを買う層は、ニセモノ価格(q)の上昇という形で、この無駄によるコストを負担することになります。

補論 3-9　自由参入下でのdW/dqの導出

CS をqで微分するのですが、(3-11)式の$-pmz$の項をpで微分する際、補論 3-3 と異なり、自由参入下ではqがpにも影響することを考慮して微分する必要がありますから、$-mz\,dp/dq-pm\,dz/dq$となります。このうち、$-mz\,dp/dq$だけが(3-16)式に残ります。

ここから(3-16)式をより詳しく分析するために、(3-5)、(3-6)、(3-8)、および(3-15)式を使って、以下の(3-17)から(3-19)式を導出します。(計算は補論 3-10 を参照。)

$$\frac{dp}{dq}=\frac{-E}{2m-E}\tag{3-17}$$

$$\frac{dx}{dq} = \frac{1 - xS_y(x, mx)(dm/dq)}{S_x(x, mx) + mS_y(x, mx)} \tag{3-18}$$

$$\frac{dm}{dq} = \frac{m(E-2)}{zV'(mz)[2m-E]} \tag{3-19}$$

ここで

$$E \equiv \frac{-ZV''(z)}{V'(z)}$$

であり、本物の逆需要関数の傾きの弾力性を表しています。また$2m - E > 0$は各本物企業の供給量(z)選択の二階の条件です。（補論 3-11 を参照。）ここではニセモノ価格(q)の上昇が本物企業の利潤を増やし、それが参入を促すというケースに着目します。換言すると、ここでは$dm/dq > 0$となるケースにのみ着目するということです。(3-19)式によると$dm/dq > 0$となるのは、$0 < E < 2$のときだけです。この場合、ニセモノの取り締まり強化はブランド品の種類を増やす効果があることになります。取り締まりの強化がブランド数(m)の増加につながるときは、消費者にとってのブランド品のステイタス性も上がっているはずです。(3-18)式から$dm/dq > 0$ならば$dx/dq < 0$、かつ(3-16)式の第一項がプラスと分かります。

このように取り締まり強化がステイタス性の上昇につながる理由は次の二つです。一つ目はニセモノ価格(q)の上昇によって、ちょうど「境目」の個人（＝ニセモノと低級品が無差別である個人）mxがニセモノから低級品にシフトし、偽ブランド品の流通量が減るからです。二つ目は新ブランドの参入によって、一ブランド当たりの消費者数が減り、これによってもブランドのステイタス性が高まるからです。つまり消費者が増加したブランドに分散して、各ブランドのステイタス性が上がるのです。

次に価格効果を見ます。本物の需要曲線が$V'' > 0$の場合のみ$dp/dq < 0$です。（CES 型需要曲線ならば満たしている条件です。）すなわち$V'' > 0$である限り、取り締まり強化によって、pが低下します。

以上から$0 < E < 2$ならばステイタス性を上げる効果とpを下げる効果の両方があり、(3-16)式の第一項と第二項はともにプラスです。しかし第三項はマイナスです。第三項はニセモノの生産・廃棄による無駄を表しています。プラスの第一項と第二項、そしてマイナスの第三項の両者の大小関係について、一般的には何も言えません。すなわち、自由参入の下でも、取り締まり強化が経済厚生(W)の向上につながるとは限らないのです。

本物企業数一定とした場合と同様、Grossman らはここでも$\emptyset$の上昇がWの向上につながる条件を提示しています。その条件とは、$S_{xy} \geq 0$と$S_y(x, mx) = 0$で、それらが成立すれば、$V(z)$の形にかかわらず、$dW/dq > 0$です。もし$S_y = 0$、つまり全消費者がステイタス性を同様に評価するならば、$\emptyset$の上昇は必ずWの向上につながるということになります。

補論3-10　自由参入下のdW/dqの詳細（(3-17)〜(3-19)式の導出）

次表の準備をします。

表

		qで微分したもの	
$p=V(Z)+q$	(1′)	$\dfrac{dp}{dq}=V'(Z)\dfrac{dZ}{dq}+1$	(1″)
$S(x,mx)=q-a$	(2′)	$S_x(x,mx)\dfrac{dx}{dq}$ $+S_y(x,mx)m\dfrac{dx}{dq}$ $+S_y(x,mx)x\dfrac{dm}{dq}=1$	(2″)
$\mathrm{V}(Z)+zV'(Z)+q=c$	(4′)	$V'(Z)\dfrac{dZ}{dq}+V'(Z)\dfrac{dz}{dq}$ $+zV''(Z)\dfrac{dZ}{dq}+1=c$	(4″)
$(p-c)z=F$	(5′)	$\dfrac{dp}{dq}Z+(p-c)\dfrac{dZ}{dq}=F\dfrac{dm}{dq}$	(5″)

注：(5″)は(5′)の両辺をm倍してからqで微分したもの。

そして(1′)と(4′)から$p-c=-zV'(Z)$です。これと(5″)から

$$\frac{dp}{dq}=V'(Z)\frac{dz}{dq}$$

です。この結果と(1″)から

$$V'(Z)\frac{dz}{dq} = V'(Z)\frac{dZ}{dq} + 1$$

これを(4″)に代入して整理すると

$$\frac{dZ}{dq} = \frac{-2}{2V'(Z) + zV''(Z)}$$

これを(1″)に代入して整理すると

$$\frac{dp}{dq} = \frac{zV''(Z)}{2V'(Z) + zV''(Z)}$$

ここで$E \equiv -ZV''(Z)/V'$を使うと

$$\frac{dp}{dq} = \frac{-E}{2m - E}$$

と表せます。次に(1′)(4′)(5′)を使うと(5″)は

$$m\frac{dp}{dq} - V'(Z)\frac{dZ}{dq} = -zV'(Z)\frac{dm}{dq}$$

となります。ここにこれまでのdp/dq、dZ/dqの結果を代入して整理すると、

$$\frac{dm}{dq} = \frac{m(E-2)}{zV'(2m - E)}$$

が求まります。最後に(2″)を整理すると(3-18)式になります。

補論3-11（本物企業のz選択の二階の条件）

(3-7)式で示した限界収入をさらにzで微分すると、$V'(Z) + V'(Z) + zV''(Z)$ですが、これが負であるというのが二階の条件です。$V'(Z) < 0$であることに留意して、$E \equiv -ZV''(Z)/V'$を使ってこれを整理すると、$2m - E > 0$を得ます。

本章のまとめ

本章では Grossman と Shapiro による偽ブランド品のモデルを解説しました。偽ブランド品のモデルは、前章の CR-ZP モデルとは違い、偽ブランド品をニセモノと知っていて買う人たちが存在することを事実として、それを前提にしたニセモノ分析です。（すなわち、偽造品の二次市場を分析したものです。）ニセモノと知りながら買う人がいるということは、ブランドそのものに価値があるということです。それゆえ、没収されるリスクがあっても、ニセモノが供給されるのです。Grossman らによると、このときニセモノが果たす役割は、ブランド品を、ブランドそのものの価値とその商品の品質に「分離」することです。これによって、ニセモノと知っていて買う人たちにとっては、本物ほどのお金を出さなくても、ブランドのステイタスを楽しむことができるようになるわけです。しかし、ニセモノが出回ると、そのブランドの付いた商品を持つ人（本物とニセモノの合計）が増えるため、ブランドのステイタスが低下してしまいます（ニセモノの負の外部性）。

Grossman と Shapiro はこうした状況下でのニセモノ対策を、経済厚生を拠りどころとして評価しました。重要なポイントは、前章の CR-ZP モデル同様、（取り締まりなどの費用が掛からなかったとしても）ニセモノ対策は経済厚生を高めることにはならない場合もあるという点です。例えば取り締まりを強化して、ニセモノをより多く没収するという政策は、直接的にはニセモノ価格上昇を通じてニセモノ消費を減らす効果があります。この効果が強く出れば図３－６①にまとめたように、消費者が享受するブランドのステイタス性は上がり、本物の供給は増え、経済厚生が改善する場合もあります。他方ニセモノ価格が上昇するということは、従来ニセモノで満足していた層にとっては値上がりしたニセモノを消費し続けるか、本物に移行するか、ニセモノをあきらめるかの消費行動の変更を求めることになるので、ニセモノ購入層の余剰も考慮に入れると経済厚生にはマイナスに作用します。こちらが強く出れば取り締まり強化によって経済厚生が低下することもあり得るのです。

また輸入品に一律関税をかけるという政策は、取り締まり強化と同様、ニセモノ価格の上昇によってニセモノ消費は減り、本物が増えることによって経済厚生が高める効果があります（図3－6②）。しかし、関税によって、消費者が直面する輸入品全体（ニセモノと低級品の両方）の価格が上昇しますから、ニセモノ購入層の中にはニセモノをあきらめて低級品に移行する人、低級品購入層の中には購入自体をあきらめる人が出て、そこで失われる余剰が大きくなってしまいます。よって関税を上げすぎてしまうと経済厚生が低下します（図3－6③）。

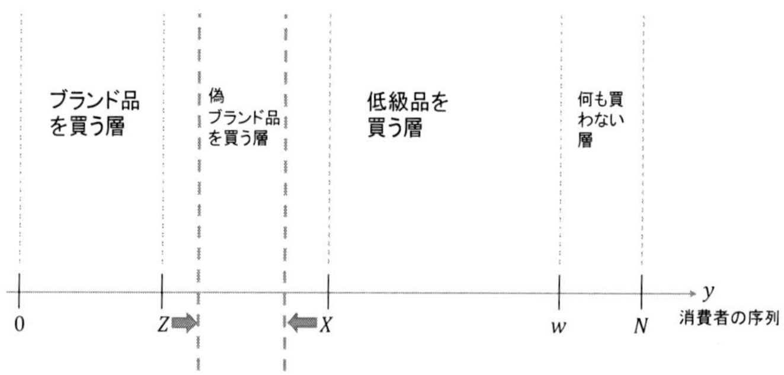

図3－6①　ニセモノに対する取り締まり強化の影響（条件付きで経済厚生が改善）

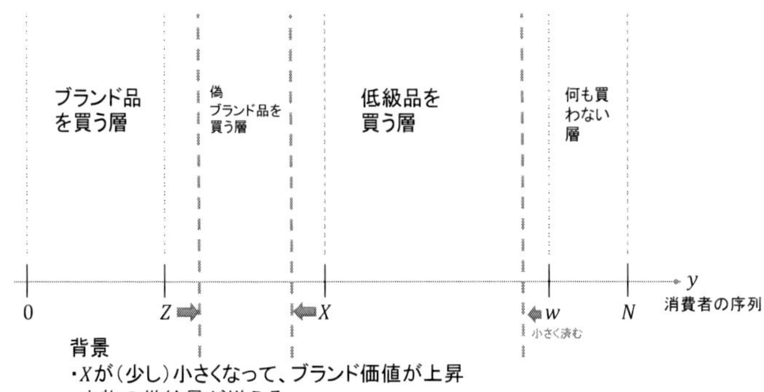

図3－6②　輸入品に対する少額の関税の影響（経済厚生が改善）

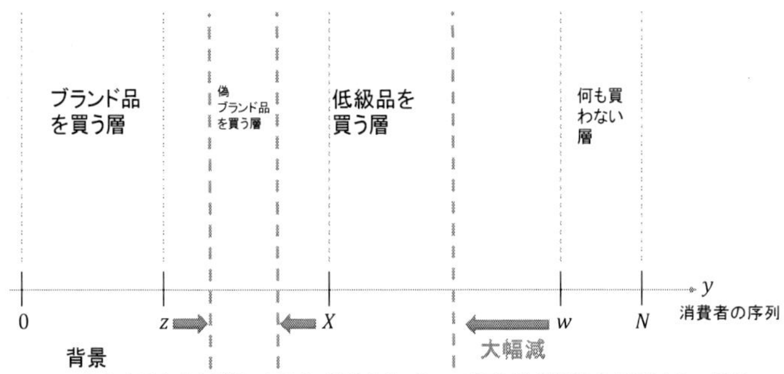

図3－6③　輸入品に対する高額の関税の影響（経済厚生が悪化）

第四章 ニセモノの一般均衡分析 〜ニセモノがそこかしこにある社会〜

はじめに

第二章と第三章で解説した Grossman と Shapiro の分析は、部分均衡分析です。ニセモノの問題が経済全体から見てごく一部の問題ならばこれで良いでしょう。しかし、ニセモノがもっと大きなウェイトを占めていたとしたら、社会はどうなるでしょうか。部分均衡分析では、ある特定の財市場のみを分析対象としますから、その財の購入に必要な所得をどこから得るのかという点は捨象されています。偽造で生計を立てる人がたくさんいたら、どうなるでしょうか。本章では一般均衡で偽造問題を考えます。偽造品生産者は偽造で生計を立てると同時に、その収入で財を購入する消費者でもあるわけです。これは財市場のみでなく、労働市場をも同時に考えるということです。

4．1　仮定

人口をLとします。全人口は企業家か労働者のいずれかであるとします。人口に占める企業家の比率をe（$0 < e < 1$）で表します。したがって労働者の比率は$1-e$となります。各企業家は自身の企業（ブランド）を一社設立し、各社とも生産一単位当たり労働がc単位必要であるとします。各企業は独占的競争、すなわち各社が類似のものを生産しながら製品差別化をして競争する状態にあるものとします。

企業家や労働者は、他方で消費者でもあります。消費行動に関しては、Dixit and Stiglitz (1977) による標準的な仮定をして、いろいろなブランドを消費することから効用を得るものとします。すなわち、すべての消費者は効用Uが次式で定義される選好を有しているものとします。

$$U = \left[\int_0^n m_i^{\rho} di\right]^{1/\rho}$$

これは各社のブランドの合成財です。ここでnは総ブランド数（=総企業数）、m_iはブランドiの消費量、ρは代替パラメータです。各ブランドが不完全代替関係にあることにするため、$0 < \rho < 1$とします。$\sigma \equiv 1/(1-\rho) > 1$とおくと、$\sigma$は各ブランド間の代替の弾力性になります。$\sigma$が高（低）いほど多様性の選好（love-of-variety）が弱（強）いことを表します。（補論 4-1 を参照。）ブランドiの価格をp_iと記し、価格指数

$$G \equiv \left[\int_0^n p_i^{1-\sigma} di\right]^{1/(1-\sigma)} \tag{4-1}$$

を導入します。これによって総支出がGUと表せます。個々のブランドの価格(p_i)低下とブランド数(n)の増加はいずれも価格指数(G)を低下させ、より多くの消費を可能とするので消費者の効用を高めます。よって消費者の立場からはGの低下は望ましいということになります。また各企業は自社ブランドの価格(p_i)を設定しますが、全体としての指数であるGは所与として行動します。

補論 4-1　多様性選好の数値例

ある限られた予算の下で全ブランド(n)を一単位ずつ（$m_i = 1$）購入できる消費者がいるとしましょう。また$\rho = 0.5$とします。このとき$U = n^2$です。同じ予算で半数のブランド($n/2$)のみを 2 単位ずつ消費した場合は$U = n^2/2$となって、効用が低下してしまいます。このようにここで想定している多様性選好をもつ消費者とは、同じ予算なら少量ずつでもたくさんのブランドを消費する方が「うれしい」と考える消費者です。なおρを小さくして$\rho = 1/3$とすると、前者は$U = n^3$、後者は

$U = n^3/4$となってブランド数が少なくなることによる効用の低下が大きくなります。すなわちσが低くなって、多様性選好が強くなります。

4．2　消費者行動と企業行動

以上の仮定の下での消費者の効用最大化行動の結果、Yを総所得とすると、各ブランドへの需要は$p^{-\sigma}G^{\sigma-1}Y$となります。(以後、iは省略します。) したがって需要はそのブランドの価格pのみならず、Yと価格指数Gにも依存することになります。総所得Yは企業家が得る利潤の合計に労働者が得る賃金の合計を加えたものです。各社の利潤をπ、賃金を１とすると

$$Y = eL\pi + (1-e)L \tag{4-2}$$

となります。

供給面では独占的競争状態にある各社は限界収入と限界費用が等しくなるように価格設定をします。すなわち

$$p(1 - 1/\sigma) = c \tag{4-3}$$

です。これはマークアップ・プライシングと呼ばれるもので、各社は限界費用cよりも高い値付けをしていることになります。ライバル企業がいるため、マークアップは(4-3)式に示されているようにσに依存します。各ブランド間の代替性が高い（消費者の多様性選好が弱い）場合、すなわちσが高いときは、消費者は価格に敏感でマークアップは小さくなり、価格pはcに近くなります。(逆に各ブランド間の代替性が低く、ブランドの違いが消費者にとって重要な場合は、マークアップが大きくなります。) (4-3)式を(4-1)式に代入すると上記の各社の価格設定の結果、価格指数は

$$G = n^{1/(1-\sigma)}\frac{\sigma c}{\sigma - 1} \tag{4-4}$$

となり、ここで総ブランド数は

$$n = eL \tag{4-5}$$

です。さらに各社の生産量をqと記すと、各社の利潤（π）は$pq - cq$となりますが、(4-3)式を使うと、

$$\pi = \frac{c}{\sigma - 1} q \tag{4-6}$$

です。

4．3　ニセモノがない場合のベンチマーク均衡

均衡は、企業の自由参入のもとで、財市場と要素市場の需給が一致している状態とします。財市場の均衡条件は

$$q = p^{-\sigma} G^{\sigma-1} Y \tag{4-7}$$

であり、要素市場の均衡条件は

$$L = n + ncq \tag{4-8}$$

です。これは企業家の数と労働者の数が人口(L)に一致していること、すなわち、企業家以外の人はすべて労働者として雇用されている状態にあることを意味しています。

(4-7)と(4-8)式に(4-2)から(4-6)式までを代入して、モデルを解くと

$$q = \frac{1 - e}{ec} \tag{4-9}$$

を得ます。(4-9)式を(4-6)式に代入すると、各企業家が得る一社当たりの利潤

$$\pi = \frac{1 - e}{e(\sigma - 1)} \tag{4-10}$$

が求まります。しかし、誰でも起業できるのであれば、自由参入によって

いずれπは労働者の賃金である１まで低下していきます。すると(4-10)式より

$$e = 1/\sigma \tag{4-11}$$

となりますが、これは(4-5)式より

$$n = L/\sigma \tag{4-12}$$

であることになります。また(4-11)式を(4-9)式に代入すると均衡における各社の生産量（＝企業規模）は

$$q = (\sigma - 1)/c \tag{4-12}$$

となります。(4-12)式を(4-8)式に代入すると、均衡における労働者の数は$L(\sigma - 1)/\sigma$となります。これらの結果はベンチマーク均衡として表４－２にまとめられています。

４．４　ニセモノがある場合の均衡

４．４．１　ニセモノ生産のインセンティブ

仮定

　ニセモノの影響を分析するにあたり、ニセモノの定義と関連するいくつかの仮定が必要です。本章の冒頭で述べた通り、本モデルの対象は一次市場のニセモノです。ここではニセモノは本物と同じに見えるが何の機能もせず、したがって消費者に何の効用ももたらさないものです。消費者は購入時に本物とニセモノの区別がつきませんから、買ってから「箱」を開けてみて初めて本物かニセモノかが分かります。しかし、消費者は（経験から）ニセモノの割合は知っているものとします。すなわち、商品を買ったときにどれくらいの確率でそれがニセモノであるかは知っているものとします。本モデルにおける経済主体はすべて同質的で、誰でもニセモノ業者になり得ます。また（単純化のため）ニセモノは費用をかけずに生

産できるものとします。例えばイメージとしては、自然にある草木やゴミなど無料で入手できるものから偽造薬や偽食品をつくるということです。そして OECD(2008)による調査が示すように、それらニセモノを本物同様に、本物の販売ルートに流し、第二章の Grossman and Shapiro (1988a) による CR-ZP モデルと同様に、ニセモノの価格を本物と同じに設定して、消費者を本物と騙して販売するものとします。

本章のモデルが対象とする経済には知的財産権保護法は存在するものの、それがきちんと執行されていないものとします。そしてニセモノ業者は違法行為が見つかって捕まる確率を知っており、それは自社のニセモノ生産量に応じて高くなるものとします。もし捕まると、ニセモノ業者は収入をすべて失います。また OECD(2008)の調査により、組織犯罪がニセモノ事業に関わっていることが分かってきたことも分析に反映するため、次のように仮定します。ひとたび経済主体がニセモノ企業を立ち上げて、あるブランドのニセモノを生産・供給するという「事業」を確立すると、同じブランドのニセモノを生産しようとする業者が現れても、それを排除し、特定ブランドのニセモノ事業を独占するものとします。結果、各ニセモノ企業は、一つのブランドのニセモノを独占的に供給することになります。本モデルにおけるニセモノ業者はいわば「影の企業家」として、各々特定ブランドのニセモノビジネスに「特化」することになります。

上述のように消費者もニセモノ企業も不確実性に直面することになります。ニセモノによって消費者が消費行動から得られる効用が不確実なものになるとともに、ニセモノ企業は捕まるリスクがあるため所得が不確実です。ニセモノに関する本モデルの仮定を整理すると表4－1のようになります。

表4－1　ニセモノに関する仮定

1)	ニセモノの消費者への効用はゼロ
2)	どの経済主体もニセモノ業者（ニセモノ企業の企業家）になりうる
3)	各経済主体は不確実性に直面するため、期待効用を最大化するよう行動する
4)	各ニセモノ企業はある特定のブランドのニセモノを生産する
5)	ニセモノはコストをかけずに生産できる
6)	ニセモノは本物と同じ流通チャンネルで販売され、本物と同じ価格で販売される
7)	ニセモノ企業は捕まる可能性があり、（ニセモノ生産量に応じて高くなっていく）捕まる確率はすべての経済主体が知っている
8)	捕まった場合、ニセモノはすべて没収・廃棄され、ニセモノ企業は収入を失う

偽造のインセンティブ

上記の仮定の下で、ベンチマーク均衡下の経済主体にニセモノ業者になるインセンティブは生じるでしょうか。ニセモノの本物の生産量に対する相対生産量をxとします。（よってニセモノの生産量はxqです。）また分析を進めるにするために、表4－1の仮定 7)の捕まる確率を具体的に$1-\beta^x$（$0<\beta<1$）と設定します。これを図4－1に示します。これは仮定した通り、ニセモノ生産を増やせば増やすほど、ニセモノ業者が捕まりやすくなることを表しています。パラメータβは知財法の執行度合いを表します。βが小さいほど、法の執行（取り締まり）が厳しく行われていることになります。以上からニセモノ業者の期待収入は$pqx\beta^x$ですが、ベンチマーク均衡において$p=\sigma c/(\sigma-1)$及び$q=F(\sigma-1)/c$ですか

ら、ニセモノ業者の期待収入は$\sigma x\beta^x$と表せます。これを図４－２に示します。（ニセモノ業者は捕まらない限り生産物をすべて販売できるものとします。）各経済主体にとって、ニセモノ事業を始めた場合の期待（間接）効用は

$$\sigma x\beta^x/G_0 \tag{4-14}$$

です。（G_0はベンチマーク均衡における価格指数です。）G_0はすべての経済主体にとって所与のものですから、(4-14)式を最大化することは、結局ニセモノ業者の期待収入$\sigma x\beta^x$を最大化することと同じです。この意味において、本モデルの経済主体はリスク中立的です。ニセモノ事業を行った場合に捕まる確率が$1-\beta^x$ですから、$\sigma x\beta^x$を最大化するための最適なxの水準は、$-1/\log\beta$です。このときのニセモノ企業の期待収入は、図４－３に示されているように、$-\sigma\beta^{-1/\log\beta}/\log\beta$です。

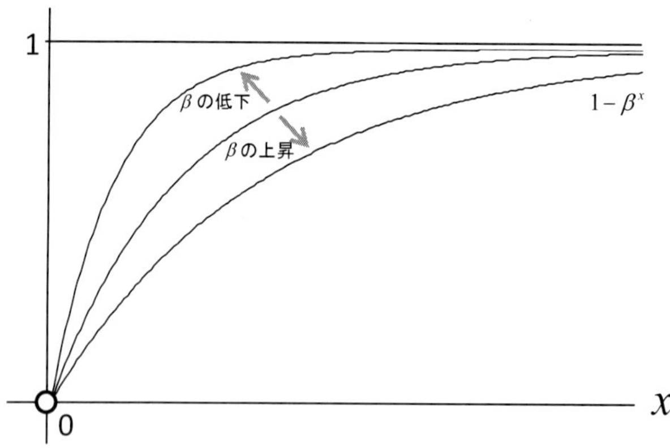

図４－１　ニセモノ業者が捕まる確率（$1-\beta^x$）

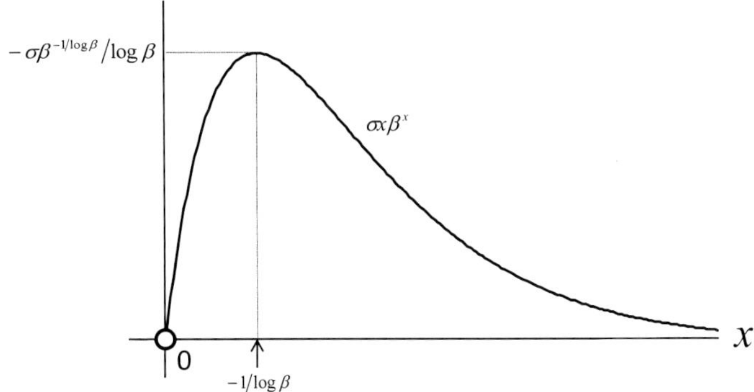

図4－2　ニセモノ業者の期待所得

ベンチマーク均衡では各経済主体の所得は 1 でした。したがってニセモノ業者の期待収入$-\sigma\beta^{-1/\log\beta}/\log\beta$が 1 を上回ると、誰にでもニセモノ業者に転じるインセンティブが生じます。すなわちニセモノが発生するためには

$$\sigma > -\beta^{1/\log\beta}\log\beta \tag{4-15}$$

であることが必要です（分析結果 1）。そうでなければ、ニセモノ業者になっても経済的メリットはありませんから、ベンチマーク均衡は維持され、ニセモノは発生しません。

(4-15)式の右辺を調べると

$$-\beta^{1/\log\beta}\log\beta > 0,\quad \frac{d\left(-\beta^{1/\log\beta}\log\beta\right)}{d\beta} < 0,$$

$$\frac{d^2\left(-\beta^{1/\log\beta}\log\beta\right)}{d\beta^2} > 0$$

(4-16)

であることが確認できますので、分析結果１は図４－３のように示すことができます。分析結果１が意味しているのは、直感に違わず、あるσのもとで、βが小さいほど（知財法の執行が厳しければ厳しいほど）、ニセモノ業者に転じるインセンティブは低いということです。またベンチマーク均衡における各ブランドの生産量が$(\sigma-1)/c$であったことから、ブランドの生産量が大きければ大きいほど、そのブランドのニセモノを生産しようというインセンティブが高まるということでもあります。

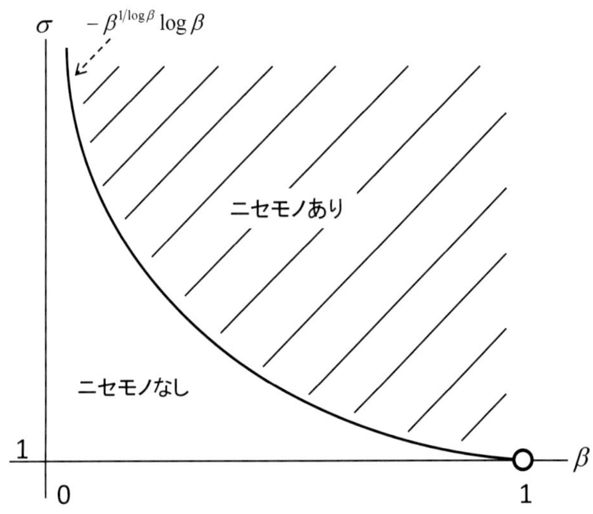

図４－３　ニセモノ生産のインセンティブ

4．4．2　ニセモノがはびこる社会におけるニセモノ企業

分析結果1に示したように、条件(4-15)が満たされていると誰しもニセモノ事業を始めようとします。しかし、本物のブランド数は限られていますから、(最終的に) 誰もがニセモノ業者になれるわけではありません。ニセモノが存在する経済における総 (本物) ブランド数をn^*とすると、均衡においてニセモノ業者数もn^*である必要があります。(以後、ニセモノ均衡の内生変数で、すでにベンチマーク均衡で使用したものについてはこのように*を付すこととします。) 各ブランドの本物の供給量がq^*であると、ニセモノ業者は捕まる確率を考慮した最適なxを$-1/\log\beta$として、各ブランドのニセモノを$q^*x\beta^x$だけ供給します。

4．4．3　ニセモノがはびこる社会における消費者

本モデルでは各ブランドが対称的に生産・消費され、ニセモノも各ブランドで対称的に供給されます。よってどのブランドを購入しても消費者は同じ確率でニセモノを買わされてしまう状況に直面します。そして仮定したようにニセモノは消費者にとって無価値です。このとき消費者の期待効用は

$$E(U)=\left[\int_0^{n^*}(\alpha m_i^*)^\rho di\right]^{1/\rho}=\alpha\left[\int_0^{n^*}(m_i^*)^\rho di\right]^{1/\rho} \tag{4-17}$$

となります。ここでα $(0<\alpha<1)$はニセモノも含めた各ブランドの総供給量に対する本物の割合で、

$$\alpha=\frac{q^*}{q^*+q^*x\beta^x} \tag{4-18}$$

です。ニセモノ企業が選択する本物に対する相対生産量が$x=-1/\log\beta$ですから、αは

$$\alpha = \frac{\log\beta}{\log\beta - \beta^{(\log\beta)^{-1}}} \tag{4-19}$$

となります。従って効用はニセモノによってα倍に割り引かれることになります。しかし消費者にとってαは所与のものですから、消費行動はベンチマークと同じです。（どのブランドを買っても一定の割合でニセモノが混じっているが、個々の商品ついて消費者は購入時に本物かニセモノかを判断できないため、結局同じ消費行動をとらざるを得ません。）したがって各ブランドへの需要は$p^{*-\sigma}G^{*\sigma-1}Y^*$となります。($p^*$、$G^*$、$Y^*$はそれぞれニセモノ経済における各ブランドの価格、価格指数、そして総所得です。)

4．4．4　ニセモノがはびこる社会における（本物企業の）企業家

ブランド間の代替の弾力性σとそれに対応する需要の価格弾力性はニセモノがあっても変わりません。よって本物企業の価格設定も変わりません。本物企業は利潤最大化のためニセモノのないベンチマークと同じように価格を

$$p^*(1 - 1/\sigma) = c \tag{4-20}$$

と設定します。

4．4．5　ニセモノ均衡と経済厚生分析

ニセモノがあると、完全雇用条件は

$$L = 2n^* + n^*cq^* \tag{4-21}$$

となり、本物企業の利潤は

$$\pi^* = p^*q^* - cq^* \tag{4-22}$$

です。(4-20)式を(4-22)式に代入すると、本物企業各社の生産量はベンチ

マークと同じ

$$q^* = (\sigma - 1)/c \tag{4-23}$$

であることが分かります。また(4-23)式を(4-21)式に代入すると、ニセモノ均衡における本物企業数（＝ブランド数）は

$$n^* = L/(\sigma + 1) \tag{4-24}$$

と求まります。そしてこれは財市場の均衡条件

$$q^* + q^* x\beta = p^{*-\sigma} G^{*\sigma-1} Y^* \tag{4-25}$$

を満たしていることが確認できます。なお総所得Y^*は本物企業の利潤、労働者の賃金、そしてニセモノ業者の所得の合計です。すなわち、$Y^* = n^*\pi^* + c(L - 2n^*) + n^* p^* q^* x\beta^x$です。ここで(4-22)式を使って$\pi^*$を消去すると

$$Y^* = n^* p^* q^* (1 + x\beta^x) \tag{4-26}$$

です。

ニセモノがはびこる経済において、（合法的な経済主体である）本物企業の企業家と労働者の期待（間接）効用は

$$E(U_{LE}) = \alpha/G^* \tag{4-27}$$

です。（ここでLEは「合法（legitimate）」な経済主体の意味です。）典型的なニセモノ業者の期待所得を$E(I_{CF})$と記すことにします。（ここでCFは「偽造（counterfeit）」の意味です。）(4-20)と(4-23)式を使うと

$$E(I_{CF}) \equiv p^* q^* x\beta^x = -\sigma\beta^{-(\log\beta)^{-1}}(\log\beta)^{-1} \tag{4-28}$$

です。このときニセモノ業者の期待効用は

$$E(U_{CF}) = E(I_{CF})\alpha/G^* \tag{4-29}$$

となります。

ベンチマーク均衡とともにニセモノ均衡の内生変数が表４－２に整理されています。ニセモノ均衡では個々のブランドの価格(p)と生産量(q)

はベンチマーク均衡から変わっていません。ところがニセモノ均衡ではブランド数(n)が減少してしまっています。これはすべての経済主体にとって経済厚生上、マイナスです。

$E(U_{LE})$と$E(U_{CF})$をそれぞれベンチマーク均衡の効用(U_0)と比較します。まず$E(U_{LE})$については

$$E(U_{LE})/U_0 = \alpha\left(\frac{\sigma}{1+\sigma}\right)^{1/(\sigma-1)} < \alpha < 1 \quad (4\text{-}30)$$

となっています。すなわち、すべての(合法的な)本物企業の企業家と労働者はニセモノのないベンチマーク均衡に比べて、ニセモノがある均衡においては経済的損失を被ることになります(分析結果２a)。

すべての合法的経済主体が損失を被るという点を(4-30)式から詳しく見ていきます。第一項αは各ブランドとして販売されているものの中の本物の割合、すなわち「成功裡」に購入できる確率です。第二項は総ブランド数の減少に伴う価格指数の上昇を表しています。ニセモノ均衡において総ブランド数が減少するのは、合法的な仕事を辞めて、ニセモノ業者に転じた人たちがいるからです。換言すると、生産要素の一部がニセモノ事業に向けられているから総ブランド数が減少してしまうのです。したがって合法的な経済主体の経済厚生上の損失にはこれら二つの要素があるということです。αが低ければ低いほど、またσが低ければ低いほど、ニセモノ経済における合法的な経済主体の損失は大きなものになります。

(4-30)式は図４－４の中で、右上がりの点線で示されています。$E(U_{LE})/U_0$はσとともに増加していきます。これはσが高ければ高いほど、消費者のブランドの多様性への選好が弱まり、ブランド数の減少があまり問題でなくなるからです。また、$E(U_{LE})/U_0$はαにおける水平な線を漸近線として、常に１より小さくなっています。したがって合法的な経済

主体は、ニセモノがはびこることによって（ベンチマーク均衡よりも）経済的に利益を得ることはありません。

次にニセモノ業者について見ていきます。$E(U_{CF})$とU_0を比較すると

$$E(U_{CF})/U_0 = \alpha\left(\frac{\sigma}{1+\sigma}\right)^{1/(\sigma-1)} E(I_{CF}) \qquad (4\text{-}31)$$

です。よってニセモノ業者がニセモノ均衡においてベンチマークと比較して経済厚生が高まるとは限らないということが分かります。ニセモノ業者の経済厚生が高まるかどうかは、ブランド間の代替の弾力性σに依存します。σが小さく、σが$-\beta^{(\log\beta)^{-1}}\log\beta$に十分近い場合には、ニセモノ業者は均衡において、ベンチマークよりも経済厚生が低くなってしまいます（分析結果2b）。

(4-31)式の第一項と第二項は(4-30)式と同じです。しかし、ニセモノ業者の期待所得は$E(I_{CF})$であり、分析結果1からこれは1を上回っています。よってニセモノ業者は$E(I_{CF})$が十分大きければニセモノ均衡においてベンチマーク均衡よりも経済厚生が高まることになります。そして$E(I_{CF})$はσと正の関係にあります。直感的には次のように言えます。σは(4-23)式に示されている通り各ブランドの生産量にも影響します。各ブランドの生産量が大きければ、ニセモノ業者の期待所得は大きくなります。（逆に、σが小さいとニセモノ業者の期待所得も小さくなります。）

(4-31)式は先ほどの図4－4に右上がりの線で示されています。図に示されているように、σが大きければ、$E(U_{CF})/U_0$は1を超えますが、σが小さいと$E(U_{CF})/U_0$は1を下回ります。分析結果2aと2bを合わせて考えると、ニセモノ均衡においてはベンチマーク均衡に比べて誰も利益を得ない（全経済主体の経済厚生が低下する）場合もあり得ます（分析結果3）。

さらに(4-30)と(4-31)式を比較すると、σが$-\beta^{(\log\beta)^{-1}}\log\beta$より大きければ、常に$E(U_{CF}) > E(U_{LE})$です。また図４－４から分かるように$E(U_{CF})/U_0$は常に$E(U_{LE})/U_0$を上回っています。したがってニセモノ業者は（ひとたびニセモノがはびこると）ニセモノ事業を辞めて合法的な仕事に戻るインセンティブはありません。すなわち、ニセモノ均衡は安定的です（分析結果４）。この結果は、ひとたびニセモノがはびこると、個々人には行動を変えるインセンティブがないことを表しています。ニセモノがはびこるようになると、元に戻る内的要因はないということです。

表４－２　均衡の比較

ベンチマーク均衡	ニセモノ均衡
$p_0 = \dfrac{\sigma c}{\sigma - 1}$	$p^* = \dfrac{\sigma c}{\sigma - 1}$
$q_0 = \dfrac{\sigma - 1}{c}$	$q^* = \dfrac{\sigma - 1}{c}$
$n_0 = \dfrac{L}{\sigma}$	$n^* = \dfrac{L}{\sigma + 1}$
$G_0 = \left(\dfrac{L}{\sigma}\right)^{\frac{1}{1-\sigma}} \dfrac{\sigma c}{\sigma - 1}$	$G^* = \left(\dfrac{L}{\sigma + 1}\right)^{\frac{1}{1-\sigma}} \dfrac{\sigma c}{\sigma - 1}$
$U_0 = \dfrac{1}{G_0}$	$U_{LE} = \dfrac{\alpha}{G^*}$ $U_{CF} = \dfrac{-\alpha\sigma\beta^{-(\log\beta)^{-1}}(\log\beta)^{-1}}{G^*}$

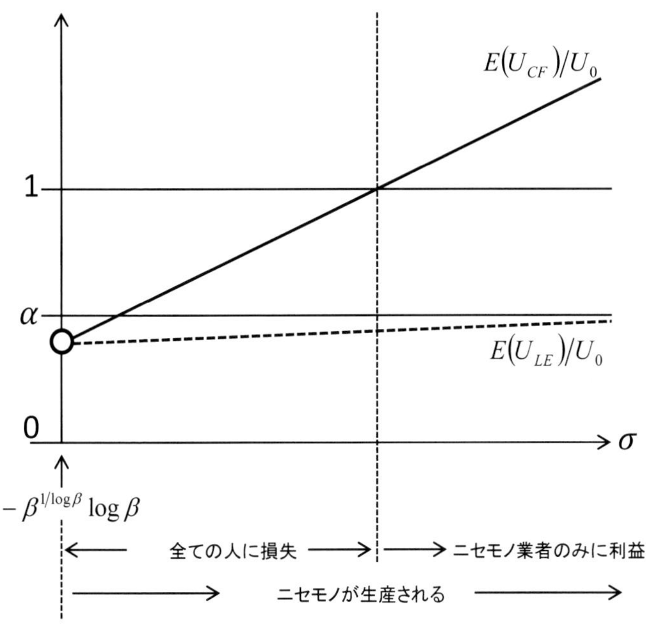

図4－4　ニセモノが生産される場合の経済厚生

4．5　ニセモノに対する取り締まり

4．5．1　取り締まりの強化

ニセモノに対する取り締まりを強化すれば安定的なニセモノ均衡を変えることはできるのでしょうか。ここでは取り締まりの強化を、パラメータβの引き下げとみなして、比較静学分析を行います。βの引き下げにより、消費者がニセモノを買わされてしまう確率が下がり、αが上昇します。(4-19 式より$d\alpha/d\beta = -e/\beta(e-\log\beta)^2 < 0$です。) αの上昇により図4－4の$E(U_{LE})/U_0$と$E(U_{CF})/U_0$の両方が上方シフトします。他方、β

の低下はニセモノ業者の期待所得$E(I_{CF})$を下げ、$E(U_{CF})/U_0$を下方にシフトさせます。取り締まり強化によってニセモノを排除するためには、$E(U_{CF})/U_0 < E(U_{LE})/U_0$、すなわち

$$E(U_{CF})/E(U_{LE}) = E(I_{CF}) < 1 \qquad (4\text{-}32)$$

となるようにしなければなりません。したがって取り締まりが有効かどうかは、取り締まり強化の$E(I_{CF})$への影響をみれば十分であるということが分かります。(4-28)式より

$$\partial E(I_{CF})/\partial\beta = \sigma/e\beta(\log\beta)^2 > 0 \qquad (4\text{-}33)$$

と確認できますから、取り締まりの強化は常に$E(I_{CF})$を低下させます。取り締まり強化によって$E(I_{CF})$が 1 より低くなって(4-32)式が満たされると、ニセモノ業者はニセモノづくりを止めて合法的な職業に戻ることを選びます。これによって経済は元のベンチマーク均衡に戻ります。しかし取り締まり強化が十分でなく、$E(U_{CF}) > E(U_{LE})$のままであると、ニセモノ業者は今まで通りニセモノ事業を続けます。取り締まりの効果を図4－5に示します。

図示したように、取り締まり強化（パラメータβの低下）は必ずしもニセモノの撲滅につながるとは限りません。十分な取り締まり強化がなされないと、（特にσが大きい場合）ニセモノの生産には何らの影響も及ぼしません。十分に取り締まり強化が行われないとニセモノ均衡は持続します（分析結果５）。

仮に取り締まりを緩める（βを上昇させる）と、逆に作用します。$E(I_{CF})$が上昇して、$E(U_{CF})$と$E(U_{LE})$の差が広がります。よって取り締まりを緩めると、ニセモノを買ってしまう確率が上がり、合法的な職にある人々の経済厚生が常に下がり、一方でニセモノ業者の経済厚生が高まることになります。すなわち合法的な経済活動を行う人々とニセモノ業者の間の

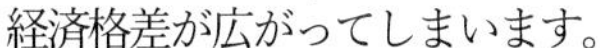
経済格差が広がってしまいます。

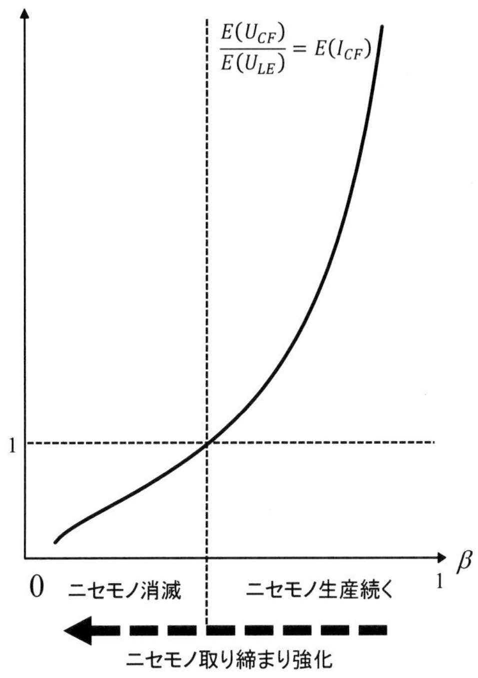

図4－5　取り締まり強化の効果

4．5．2　取り締まりコストがある場合

現実には取り締まりには費用がかかりますが、それを考慮した場合はどうなるでしょうか。全労働力のうちzが取り締まりに必要だとしましょう。このとき(4-21)式の完全雇用条件は$(1-z)L = 2n^{*} + n^{*}cq^{*}$となります。よって経済の中の総ブランド数が(4-24)式の$L/(\sigma+1)$から$(1-z)L/(\sigma+1)$に減少してしまいます。これは（ニセモノ業者も含め

て）すべての人々の経済厚生にマイナスです。ブランド数の減少は、価格指数G^*が

$$\left(\frac{L}{\sigma+1}\right)^{\frac{1}{1-\sigma}}\frac{\sigma c}{\sigma-1}$$

から

$$\left[\frac{(1-z)L}{\sigma+1}\right]^{\frac{1}{1-\sigma}}\frac{\sigma c}{\sigma-1} \tag{4-34}$$

に上昇することを意味します。よって(4-34)式より合法的な職業の人々の期待効用は

$$E(U_{LE})=\alpha\left[\frac{(1-z)L}{\sigma+1}\right]^{\frac{1}{\sigma-1}}\frac{\sigma-1}{\sigma c}$$

となり、ニセモノ業者の期待効用は

$$E(U_{CF})=-\alpha\left[\sigma\beta^{(\log\beta)^{-1}}(\log\beta)^{-1}\right]\left[\frac{(1-z)L}{\sigma+1}\right]^{\frac{1}{\sigma-1}}\frac{\sigma-1}{\sigma c}$$

となります。これらを比較すると、取り締まりに費用がかかるとした場合においても、合法的な経済主体もニセモノ業者も同じ割合で期待効用が低下するので、相対期待効用は変わりません（分析結果６）。この結果により、取り締まり費用があることを考慮に入れても、分析結果５が成立することになります。それゆえニセモノの取り締まりは、(取り締まりがニセモノ業者の行動を変えるほど十分でない場合）それに要した資源（労働）が失われてしまう（そしてその経済におけるブランド数低下につながる）ことを念頭に実施されるべきであること言えます。

本章のまとめ

本章では企業家が会社を設立して独占的競争を行う一般均衡モデルに

おいて消費者を騙して行う偽造（ニセモノの一次市場）を分析しました。初めに偽造のインセンティブを検討し、偽造が発生するのは知的財産保護法執行が緩く、ブランド間の代替の弾力性が高いという条件が揃った場合であることを示しました（分析結果１）。次にニセモノ業者が現れ、各ブランドが偽造される「ニセモノ均衡」を検討しました。「ニセモノ均衡」では合法的な職に就いている人々は一様に実質所得の減少という形で損失を被ります（分析結果２a）。各ニセモノ業者は偽造の対象となるブランドの生産量が十分大きければ利益を得ますが（分析結果２b）、そうでなければ、ニセモノ業者も結局のところ損失を被ります。すなわち、ニセモノ均衡においては誰も利益を得ないという状況もあり得ます（分析結果３）。実質所得の減少には二つの経路があります。一つはもちろん（全く効用を生まない）ニセモノを買わされてしまうことによる損失、もう一つは人口の一部が合法な職業を辞めてニセモノ業者に転じることによるブランド数の減少です。ニセモノ業者が利益を得るかどうかにかかわらず、ニセモノ均衡は安定的です（分析結果４）。これは相対的にはニセモノ業者の期待効用が、合法的な職業の人々の期待効用を常に上回っているため、ひとたびニセモノがはびこると、ニセモノ業者を辞めて、合法な職業に戻るインセンティブがないということです。よって偽造が始まると、それをなくさせるような内的メカニズムはありません。

　この結果からニセモノの撲滅には、ニセモノ業者の所得を下げ、それによって期待効用を合法的な職業の人々の期待効用より低くするほどに十分な知的財産権保護の強化が必要であると言えます。それが十分でないと、ニセモノ均衡には何の影響も及ぼしません（分析結果５）。そればかりでなく、知財保護強化に投入された資源が無駄になってしまうことになります（分析結果６）。

本章の分析では偽造品の一次市場のミクロ的基礎のあるメカニズムを提示しました。消費者がそこかしこでニセモノを買わされる社会の基本的な状況の理解に資するものと考えます。またこのモデルは、なぜニセモノの取り締まりが行われていても偽造がなくならないのかということに説明を与えるとともに、ニセモノの撲滅が難しいことを指し示しています。

二次市場と異なり、一次市場では消費者は騙されてニセモノを買いますから、合法的な経済主体は一様に損失を被ります。しかし、一般均衡分析によって明らかになるのは、経済全体がニセモノだらけになることで、ニセモノ業者自身も損失を被ることがあり得るという点です。しかし相対的にはニセモノ業者の方が効用で評価した生活水準は高いため、偽造が始まると、個々のニセモノ業者には偽造をやめるインセンティブがありません。よって取り締まりを強化するしかないのですが、取り締まり強化が十分でないと何らの効果もありません。むしろ取り締まりに投入された（労働など）資源が無駄になってしまいます。

なお本モデルは多数の仮定によって成り立っています。その点から分析結果の適用には注意が必要です。第一に、繰り返しになりますが、本章モデルの対象はニセモノの一次市場です。消費者が自ら偽ブランド品を購入する二次市場は分析していません。第二に、ニセモノ均衡を導出するために複数の仮定をおいています。特に偽造には参入障壁があり、一ブランド当たり一ニセモノ業者が対応するとしています。第三に、本モデルは、各ブランドが製品差別化をして類似のものを生産して競争するという独占的競争という特定の市場構造を前提にしています。第四に経済主体はリスク中立的であるとしました。第五に合法的な職業に就いている企業家・労働者は一定量のニセモノがあることを前提に受動的に行動し、ニセモノ業者に対し、何らの行動も起こさないことも仮定されています。

あとがき

本書がミクロ経済分析の一応用例として、模倣品・模造品問題に関心のある方々や経済理論を学ぶ方々の参考になれば幸いです。なおGrossmanと Shapiro 以外にも応用ミクロ経済分析のアプローチでニセモノ問題を理論的に扱ったものとしてHiggins and Rubin(1986)があります。この研究は第三章の偽ブランド品のモデル同様、ニセモノと知ってブランド品を買う消費者がいることを想定した分析です。

また本書では実証分析には触れていませんが、中国靴製造業の実証分析から、ニセモノが企業行動に及ぼす影響を分析したものとして、Qian(2008)があります。

本書はニセモノを既存企業と消費者の問題として検討してきましたが、知的財産権をめぐっては、他にも重要な分析課題があります。例えば知財保護がなされないと、イノベーションのインセンティブが弱まることが懸念されます。こうしたニセモノのダイナミックな側面については本書ではカバーしていません。

本書を執筆する上での基礎となる研究を行うにあたっては、科学研究費補助金・新学術領域研究（研究領域提案型、課題番号 16H06551 及び 16H06548）の助成を受けました。記して感謝いたします。

参考文献

Dixit, Avinash K. and Joseph E. Stiglitz (1977) "Monopolistic Competition and Optimum Product Diversity" *American Economic Review,* Vol. 67, No. 3, pp. 297-308.

Grossman, Gene M. and Carl Shapiro (1988a) " Counterfeit-Product Trade" *American Economic Review,* Vol. 78, No. 1, pp. 59-75.

Grossman, Gene M. and Carl Shapiro (1988b) "Foreign Counterfeiting of Status Goods" *Quarterly Journal of Economics,* Vol. 103, Issue 1, pp. 79-100.

Higgins, Richard S. and Paul H. Rubin (1986) "Counterfeit Goods" *Journal of Law & Economics,* Vol. 29, No. 2, pp. 211-230.

Organization for Economic Co-operation and Development, OECD (2008) *The Economic Impact of Counterfeiting and Piracy,* OECD Publishing.

Organization for Economic Co-operation and Development, OECD (2016) *Trade in Counterfeit and Pirated Goods,* OECD Publishing.

Qian, Yi (2008) "Impacts of Entry by Counterfeiters" *Quarterly Journal of Economics,* Vol. 123, Issue 4, pp. 1577-1609.

著者紹介

渥美利弘（Toshihiro Atsumi）
明治学院大学経済学部准教授。

1993 年一橋大学経済学部卒。三菱総合研究所等に勤務後、渡英、ノッティンガム大学 PhD（2009 年）。同大リサーチフェローを経て、2010 年より明治学院大学。

専門は国際貿易や応用ミクロ経済理論。最近の研究テーマは、国際貿易と国内産業立地、国際貿易と都市、移民、偽造品問題及び自動車貿易など。

主著は “Silk, regional rivalry, and the impact of the port openings in nineteenth century Japan” *Journal of the Japanese and International Economies*, Vol.24, N0.4, pp.519-539（2010 年）、『自動車貿易の経済分析』（文眞堂、2020 年）。

ニセモノ問題への経済学的アプローチ
偽造品のミクロ経済分析

2020年3月18日　初版発行

著者　渥美　利弘

定価（本体価格 950円+税）

発行所　株式会社　三恵社
〒462-0056 愛知県名古屋市北区中丸町2-24-1
TEL 052 (915) 5211
FAX 052 (915) 5019
URL http://www.sankeisha.com

乱丁・落丁の場合はお取替えいたします。
ISBN978-4-86693-190-6 C1033 ¥950E